U0020295

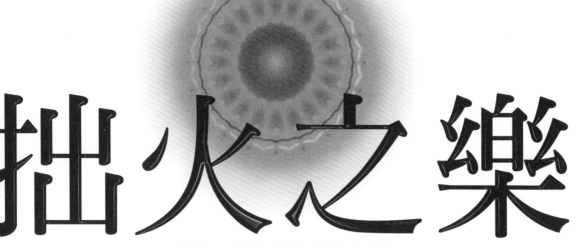

拙火之樂

那洛六瑜伽修行心要

THE BLISS OF INNER FIRE

HEART PRACTICE OF THE SIX YOGAS OF NAROPA

圖敦・耶喜喇嘛

Lama Thubten Yeshe◎著

項慧齡◎譯

耶喜喇嘛, 1977
Photographer : Carol Royce-Wilder

【前言】以自身為僕服務他人

喇嘛・圖登・梭巴仁波切

　　佛之不可思議的秘密功德與事業，只有其他諸佛之遍知心意能夠了悟。因此，尋常人等是無法了解耶喜喇嘛的秘密功德的：他們只能隨著自己心靈的層次，看見耶喜喇嘛的功德。然而，由於個人的體驗與覺受，是了悟「上師的本質即是佛」的最有效的方法之一，因此我想要再次憶念耶喜喇嘛的美好功德——源於我自身之業而得以見到之美好功德。

耶喜喇嘛殊勝之身功德

　　即使是那些和耶喜喇嘛素未謀面的人，光是看見他的照片，就會產生一種非常溫暖的感受；他們立即感受到，耶喜喇嘛是一個非常仁慈、並且關懷他人的人。我曾經寄給我的筆友奧黛莉・科恩一張耶喜喇嘛的照片；在這張照片之中，耶喜喇嘛身處於一群僧侶之中。雖然我沒有說明哪一個是耶喜喇嘛，但是奧黛莉在信上說，她看見照片中站在後排的一個僧侶，對他升起好感；那個僧侶即是耶喜喇嘛。

　　許多看見耶喜喇嘛之殊勝身的人，都有類似的反應。即使許多西藏人不知道耶喜喇嘛是何許人，沒有聽說過他是一個偉大學者的背景，但是光是看見耶喜喇嘛，就令他們感到非常快樂，並且常常對他生起虔敬心。有一次，我們造訪菩提迦耶，一些來自錫金的西藏人在街道上遇見耶喜喇嘛，立刻感覺到他內在的聖潔純淨；他們覺得，他一定是一個偉大的菩薩。這次的邂逅偶遇帶

給他們如此強烈的衝擊；他們詢問附近的僧侶耶喜喇嘛是何許人，但是沒有人真正知道。同一天傍晚，那群西藏人的其中一位前來見我，對我說明在街上偶遇耶喜喇嘛，讓他們所有人多麼印象深刻。他對耶喜喇嘛有不可思議的信心，深信他是一個偉大的聖哲。

僅僅看見耶喜喇嘛的殊勝身，就能夠為人們的心靈帶來平靜和喜悅，並且希望能夠更加了解他。甚至未經介紹，人們就自然而然地崇敬耶喜喇嘛。即使是那些從未接觸佛法的人，也覺得耶喜喇嘛異於凡夫俗子。當他們遇見耶喜喇嘛，感覺到他有非常特別的純淨聖潔的品質；他們不只是覺得耶喜喇嘛博學多聞，也覺得他擁有一個非常深刻的心靈品質。

從一般的觀點來看，耶喜喇嘛的肉體隨著他的心靈發展而改變。在他圓寂之前的幾年，他看起來非常的輕盈，非常的明亮照人。這是他密續證量的一個展現。那些察覺到這些徵兆的人，可以了解外在的變化是他內在發展的明證，尤其是密續圓滿次第證量的明證。

即使當耶喜喇嘛顯露沉痾之色的時候，他也會突然看起來如此的明亮莊嚴，你幾乎會認為他一點病也沒有。出於他的大悲，耶喜喇嘛根據需求來顯現不同的面向，以調伏不同的有情眾生。

耶喜喇嘛殊勝之語功德

耶喜喇嘛的殊勝語如同甘露，而那些領受耶喜喇嘛教法的人，則感受到他殊勝語的力量。每一個字皆出自他的菩提心；每一個字都是為了利益他人。

　　當其他西藏喇嘛在西方國家給予開示的時候——在這些國家的人們，往往對佛法完全陌生，他們常常教授所熟悉的主題，而非在座聽眾需要聽聞的主題。然而，耶喜喇嘛通常不會講述一個固定的主題，反而會談論在座聽眾所面臨的不同難題，不論是心靈的或世俗的問題。

　　如同上一道拼盤一般，耶喜喇嘛會講述一個主題，然後切換到另一個主題，再另一個主題，而這些主題之間不一定會有任何關聯。即使聽眾可能不喜歡所有的食物，但是每一個人都會在不同的菜色之中，找到一些他們喜歡的菜餚。不論聽眾的社會地位或教育層度為何，每一個人都領受了問題的答案，而這個答案都合乎他們心性。即使他們帶著迷惑的心而來，都滿載著快樂和滿足而歸。在耶喜喇嘛一個小時的談話之後，沒有人會在離開的時候說他們沒有找到問題的答案。這種驚人的善巧，證明了耶喜喇嘛傳法的殊勝事業即是佛陀的事業。

　　或許對一些人而言，耶喜喇嘛只是講許多笑話讓人們發笑，但是那些具有佛法背景的人，則會欣賞耶喜喇嘛的談話是多麼的實際。一個追隨佛法二十年，曾經聽聞許多秘密的、深奧教法的人，仍然認為耶喜喇嘛的談話是實用而有益的。耶喜喇嘛的忠告不是空中樓閣，而是和日常生活有所關聯。

　　一些人來聽耶喜喇嘛的演說是出於好奇，只是來看看一個西藏喇嘛是什麼模樣；他們沒有懷抱特殊的願望想從一個西藏喇嘛那裡領受教法，或者研習佛陀的教法。其他人則誠心誠意地想要尋求心靈的平靜，以及解決生活中所面臨問題的答案。從耶喜喇嘛的外表來看，他們或許不期望他擁有任何能夠解決他們問題的

方法。然而，他們越是傾聽耶喜喇嘛的話語，他們的心靈就越平靜，就越欣賞耶喜喇嘛的特殊功德。甚至連自視甚高的人，在聽聞了耶喜喇嘛的話語之後，其驕慢就被調伏了。在聽聞了耶喜喇嘛的教法之後，他們自然而然地變得更加謙遜。在此同時，耶喜喇嘛自己也不可思議地謙遜；這是一個博學多聞的人的特質。

在耶喜喇嘛演說了一個小時之後，在座的聽眾了解到這個西藏喇嘛是一個了不起的人物，知識廣博，擁有許多他們所沒有的答案。在那個小時之後，他們大受啟發，而希望更加了解西藏佛教；他們的心已經皈依了法。耶喜喇嘛是不可思議地仁慈，因為他首先種下了聽聞佛法的種子，然後激發人們把佛法用於實修。從這種啟發之中，結出了證悟之果。

當耶喜喇嘛給予弟子忠告的時候，他會針對個人所需而給予建議，而使得弟子們都感到非常快樂。耶喜喇嘛擁有不可思議的能力去依照個人之根器，而提出各種不同的解決辦法。當他給予忠告的時候，他不依賴占卜；他的建議都來自他個人的智慧。

當耶喜喇嘛教導道次第——通往證悟的漸進道路——的入門課程時，人們傾聽耶喜喇嘛的話語，幾乎感覺能夠轉化自己的心而獲致證悟。舉例來說，當耶喜喇嘛講授菩提心的時候，即使只有幾分鐘的時間，但是因為他自己圓滿了菩提心，因此在座的聽眾覺得自己彷彿已經證得了菩提心。自私自利的態度沒有生起的空間。

耶喜喇嘛在教授密續的時候也是如此。修行者已經證得密續道的一個徵兆是，該行者所給予的密續開示非常清晰而有效。當耶喜喇嘛在傳授諸如那洛六瑜伽等圓滿次第修行法門的時候，這

一點顯而易見。僅僅聽聞耶喜喇嘛傳授的那洛六瑜伽教法,並且從事其中一兩個修法,許多弟子都擁有覺受。教法的清晰有效,證明了教法出自耶喜喇嘛自身的密續道覺受。

尋常人可以理解耶喜喇嘛所擁有殊勝語的品質。在聽聞了耶喜喇嘛的開示之後,人們毫無疑問地感受到他是一個聖者,一個偉大的菩薩。如同從地面升起的太陽驅除所有的黑暗一般,透過他的教法,耶喜喇嘛驅除了許多存在於人們心中的無明黑暗。

❦ 耶喜喇嘛殊勝之意功德

耶喜喇嘛擁有非常開放的心胸和心靈;他包容所有西藏佛教的傳承,以及所有的宗教。他擁有非常廣大的見解,也非常高瞻遠矚。耶喜喇嘛對於人生的態度完全不是緊張、封閉和侷限的。他不是一個走在窄路上的人。

即使耶喜喇嘛沒有「博學多聞」的聲譽,但是卻受到西藏佛教所有宗派的喇嘛敬重。耶喜喇嘛不但擁有格魯派對經論和密續的理解,也具備了寧瑪派、薩迦派和噶舉派的見地。他不但通曉西藏文化,也認真研究並嫻熟西方的文化與哲學。在經論、密續和各個不同宗派之間,所使用的語言文字有所不同,但是耶喜喇嘛卻沒有受到語言文字和外在表象的迷惑。他會檢查字裡行間的意義來取得親身的理解,然後把這種意義付諸於實修。這是耶喜喇嘛的特殊品質。

如同法王達賴喇嘛一般,大悲心是耶喜喇嘛殊勝心意的本質。耶喜喇嘛充滿了大悲心,並且珍愛其他有情眾生。你可以從耶喜喇嘛如照顧嬰孩一般照顧他的弟子,而理解到他的大慈大

悲。他不只是一個母親，不只是一個父親。他不但傳授教法給他的弟子，也不斷地鼓勵他們修持佛法，協助他們解決問題。如同一個父親一般，他傾聽他們所有的問題，然後給予個人的忠告和教法。每天深夜，他撰寫許多信件，給予弟子忠告。即使他日理萬機，他仍然奉獻那麼多的時間和人生，來解決弟子及其家人的問題。

耶喜喇嘛會與人打成一片，用各種方法來娛樂他們，讓他們感到快樂，紓解心中的緊張。為了讓人們快樂，耶喜喇嘛也會到海灘或餐廳去。由於他做這些事情只是為了利益他人，因此這些事成為他自身的心靈發展和了悟的因緣。

耶喜喇嘛告訴我，重點在於，把你所從事的每一個行為——飲食、睡眠——轉化成為佛法，如此一來，你的人生就充滿了意義。耶喜喇嘛曾說，一些眾生甚至用它們的氣息來利益他人。即使耶喜喇嘛沒有這麼說，但是我覺得他事實上是在描述他自己的品質和覺受，尤其是他對菩提心的了悟。

雖然許多醫師警告耶喜喇嘛心臟病的嚴重程度，他仍然馬不停蹄地行走各地、傳授教法、撰述、閱讀法本、指導護持大乘法脈聯合會①的各個中心，以及給予弟子忠告。舉例來說，當耶喜喇嘛在高班寺的時候，即使他忙著指導各個中心和個別的弟子，他仍然教導寺院內的僧眾；照料他們的食物和衣著；監督廚房和圖書館的事務；打理花園。除此之外，他還是能夠挪出時間來替那些長疥瘡的狗兒洗澡。出於對受苦眾生的大悲心，耶喜喇嘛可以在一天之內完成那麼多的事情。

從一九七○年代早期，耶喜喇嘛第一次在尼泊爾加德滿都拍

攝X光開始，醫師們就不斷告訴他，他的時日不多了。第一個醫師告訴耶喜喇嘛，他的心臟病非常嚴重，只有一年可活。後來的許多醫師也給予類似的診斷。然而，即使罹患了威脅生命的疾病，耶喜喇嘛仍然活了許多年。在此期間，耶喜喇嘛密集地旅行，從事許多活動。耶喜喇嘛把他的生命奉獻給他人。

一個普通人罹患如此嚴重的疾病，可能不會那麼長壽，也不會成就那麼多的事情。由於對弟子的大悲心，耶喜喇嘛盡可能地活得長久，來帶領他的弟子，使他們的人生充滿意義。活著的時候，他日以繼夜地把所有的時間和精力奉獻給他人。即使當健康狀況到了絕望的程度，由於耶喜喇嘛大菩提心的力量、堅強的意志，以及密續的證量，他仍然能夠活著下來。

宏觀的視界是耶喜喇嘛另一個獨特的力量之一。他擁有規劃巨擘的能力來利益教法和有情眾生。許多人無法理解這些計畫的規模，覺得它們難以完成。然而，當耶喜喇嘛的計畫被實行之後，證明這些計畫對實行者和其他許多眾生而言，是具有高度利益的。如此偉大的工作顯示了耶喜喇嘛殊勝心意的品質：他的大悲心、強大的意志、能力和理解力。如果耶喜喇嘛沒有為了利益他人的勇敢態度，那麼別說是規劃和完成這些計畫，甚至連從事這些工作的念頭都不會生起。

對我個人而言，耶喜喇嘛最驚人的品質之一是，儘管他忙著指導各個中心和個別的弟子，但是他個人的修行和證量卻沒有因此而退減。月復一月，年復一年，耶喜喇嘛的修行隨之增長。這種不可思議的能力是我對耶喜喇嘛深具信心的主要原因之一。當耶喜喇嘛造訪中心的時候，他會見所有的弟子，給予忠告，並且

照料中心。儘管他完全為了利益他人而工作，從事數百件事情，但是他仍然能夠從事自己的修行，他的證量總是有所增長。

　　從某些方面來看，耶喜喇嘛彷彿天生就具足了「三道」之證量：出離心、菩提心和正見。耶喜喇嘛很早就顯露了出離此生的徵兆。當他年幼的時候，曾經在色拉寺停留一段時間。當他回家去拜訪家人的時候，目睹了家庭生活的痛苦和艱難，以及身為一名僧侶和一個在家眾之間的天壤之別。這使他理解到出家不可思議的利益。透過造訪家人，耶喜喇嘛生起了出離心，對世俗生活一點興趣也沒有。

　　即使耶喜喇嘛天生就具足了菩提心，但是根據耶喜喇嘛的說法，他是和偉大的禪修者蔣巴‧旺督、格西喇嘛貢秋，以及包括許多博學多聞的格西和喇嘛在內的數千名僧眾，一起從法王崔江仁波切那裡領受了論著《上師會供》的教授之後，才生起了菩提心，法王崔江仁波切即當今達賴喇嘛的副教師。在聽聞了這部論著之後，許多格西離開寺院，前往附近的山間禪修，過著苦行的生活。

　　當他談到《上師會供》針對道次第祈請文所做的論釋的時候，耶喜喇嘛說，在關於無常和死亡的部分，他不見任何新意。在關於出離心的部分，也不見任何特殊之處。但是在談到菩提心、平等捨和自他交換的時候，耶喜喇嘛說，他非常強烈地感受到這是佛陀的真實教法，是佛法的核心。

　　耶喜喇嘛說，當他和蔣巴‧旺督領受這些教法的時候，他們沒有浪費時間，在領受了每一座的教法之後，他們立即從事修法。就一般的觀點來看，彷彿耶喜喇嘛是在那個時候生起了對菩

提心的了悟。

當蔣巴‧旺督來到位於印度達蘭薩拉的兜率天閉關中心造訪耶喜喇嘛的時候,他們常常取笑彼此。耶喜喇嘛總是取笑過著苦行生活的僧侶,說即使他們身處於高山之間,他們的心靈仍然執著於俗務。然後耶喜喇嘛會說:「喔,我擁有整個世界,我擁有每一件事物!我樂在其中。」

蔣巴‧旺督曾經說:「在三道上修心是老掉牙了。」這表示他在很久以前就已經圓滿了三道的修持。然後耶喜喇嘛會回答:「喔,我在色拉寺的中庭辯論中觀的時候,就已經了悟空性了。」耶喜喇嘛說,當他在西藏,還是一個年輕僧侶的時候,他就已經了悟了空性。

就密續修持而言,耶喜喇嘛的本尊是勝樂嘿魯嘎。當我和耶喜喇嘛一起住在布沙度瓦❶的時候,我對經典沒有太多的了解,但是即使在那個時候,當耶喜喇嘛在研習佛陀的戒律之時,他已經在閱讀許多密續典籍了。從一九六八年,我們從印度前往尼泊爾那個時候開始,耶喜喇嘛只閱讀密續教法,而且大多是關於嘿魯嘎圓滿次第的教法,而非生起次第的教法。我偶爾會看一看他所閱讀的典籍。一九七五年,第二次前往美國弘法的時候,我們在麥迪遜度了一個月假,住在格西索帕仁波切的住所附近。在那段期間,耶喜喇嘛閱讀各種與明光有關的密續典籍。這表示耶喜喇嘛對於這些修行法門擁有豐富的經驗和成就。

耶喜喇嘛的特殊品質之一是,他從來不對其他人顯示他是一個偉大的修行者。即使是對那些親近他的人,耶喜喇嘛也不顯露正在禪定的外在表象。你從不會看到耶喜喇嘛以雙腿交盤的姿勢

靜坐很長一段時間。他不是非常活躍，就是非常輕鬆。然而，耶喜喇嘛非常有技巧地從事修行。如同寂天大師一般，耶喜喇嘛是一個偉大的秘密瑜伽士。當寂天大師在那瀾陀寺的時候，寺院內的其他僧侶認為寂天大師只用所有的時間來做三件事情：吃飯、睡覺和如廁。他們不認為寂天大師有從事任何佛法修持。

如同寂天大師一般，耶喜喇嘛把他的修行當做一件隱密的事情。不論他是在西方或東方，每一天用完午膳之後，耶喜喇嘛通常會去休息一、兩個小時，但是事實上，這些「午睡」時間，都是從事修法的時段。剛開始，我沒有了解到耶喜喇嘛的做法，以為他的休息就像一般的睡眠一般，後來我漸漸地了解到，他其實是在修法。在夜晚和午餐之後，耶喜喇嘛看起來是在睡覺，但事實上，他是用一種非常善巧的方法來修持佛法。

我記得有一天在高班寺，揚策仁波切的家人在午餐之後來訪。揚策仁波切是一個著名的喇嘛，格西阿旺・甘丹的轉世，也是耶喜喇嘛的上師之一。在西藏的時候，揚策仁波切的父親蔣巴・聽列曾經在耶喜喇嘛的課堂上，他也是耶喜喇嘛的親近友人。由於他們來訪，耶喜喇嘛沒有時間在午餐之後休息。在揚策仁波切的家人離開之後，耶喜喇嘛說，沒有時間休息讓他感到極為失落。耶喜喇嘛看起來非常難過，好像一個尋常人遺失了一大袋黃金一般。對一個不知道耶喜喇嘛隱密修行的人而言，耶喜喇嘛似乎執著於一場好眠。錯過一小時的休息而感到如此難過，是不合情理的，尤其對一個佛法的修行者而言，更是如此。

耶喜喇嘛的「休息」和身體的問題、業、令人感到煩惱的念頭無關。他的「休息」是為了確保他的證悟道的相續。一旦一個

行者具有了證量之後，由於覺受的相續必須透過每天的修法來維繫，因此即使是幾分鐘的修法都彌足珍貴。

　　當耶喜喇嘛最後第二次在高班寺的時候，有一天他到位於山丘頂端的一個小屋內休息。當他回到寺院的時候，耶喜喇嘛說：「奇怪，我通常不會睡著的，但是這一次我睡了幾分鐘。我夢到一個威猛的護法向我行供養。」這一次是耶喜喇嘛說溜了嘴，但這顯示耶喜喇嘛在午餐之後休息，他通常不會睡著。

　　此外，耶喜喇嘛也說，食用諸如優格、蜂蜜、大蒜、肉類等食物是重要的。當我看了帕彭卡・德千・寧波的《註釋集》之後，我才明白個中原因。《註釋集》指出，具有圓滿次第證量的行者使用這些食物來形成體內的元素和明點，如此一來，他們就能夠擁有更強烈的明光覺受，並且增長幻身的順緣。耶喜喇嘛攝取這些食物不是為了利益他的身體，而是為了增長證量。他不在意外在的身體健康，而是關心內在的心靈健康。

　　當耶喜喇嘛懇請法王崔江仁波切傳授那洛六瑜伽的時候，崔江仁波切建議他向達賴喇嘛請法。耶喜喇嘛獨自在達賴喇嘛私密的禪修室——一個空蕩蕩的小房間——領受那洛六瑜伽的教法。在領受教法之際，耶喜喇嘛加以修持，獲得了許多覺受。

　　有一次在達蘭薩拉，我得了「龍」，一種風息的疾病。耶喜喇嘛告訴我：「證得了大樂和空性之後，就不會有風息的疾病。如果你的心中有大樂，就沒有容納緊張的空間。」我認為，這是耶喜喇嘛的經驗談。偉大的禪修者因為具有密續的證量，即使是在處理問題的時候，也不會產生憂鬱的感受。我認為，耶喜喇嘛的大樂與空性的證量，遠遠強過他必須處理的、與佛法中心和弟

子有關的問題。他從不憂鬱，他總是非常快樂。

　　一九八二年年底，耶喜喇嘛第一次在義大利的宗喀巴大師中心教授那洛六瑜伽。從那個時候開始，即使他通常不會攜帶唐卡和照片一起旅行，卻總是隨身帶著一張宗喀巴大師的法照。那是一張普通的明信片，但是耶喜喇嘛告訴我，那非常稀有珍貴。從我凡俗的眼光來看，耶喜喇嘛似乎對宗喀巴大師有著非常大的虔敬心。當他授課回來之後，耶喜喇嘛告訴我：「當我在宗喀巴大師中心的時候，每天早上在教授那洛六瑜伽之前，我從事嘿魯嘎的自灌頂。此舉似乎對學生有非常大的利益。因為我閱讀許多經典，教法非常有效，而且許多人都擁有覺受。」在那次授課期間，耶喜喇嘛閱讀宗喀巴大師的《五次第明燈論》密集金剛圓滿次第關於幻身的部分；這個部分包含了關於幻身的最深廣的教法。耶喜喇嘛說道：「這一次，因為宗喀巴大師的甚深教法，使我對宗喀巴大師生起了非常深刻的虔敬心。」

　　耶喜喇嘛的秘書潔西・基利也告訴我，耶喜喇嘛在宗喀巴大師中心授課期間，有一天早晨，耶喜喇嘛即將開始那洛六瑜伽的教授之前，他在哭泣。在耶喜喇嘛從中心返回之後，潔西問他為什麼哭泣。耶喜喇嘛說：「我看見了我的上師。」耶喜喇嘛看見了在一年多以前圓寂的根本上師法王崔江仁波切。

　　耶喜喇嘛撰寫了一首詩來讚美宗喀巴大師對於幻身的清晰闡釋。耶喜喇嘛說，直到他閱讀了宗喀巴大師的著作，他才清楚地了解成就幻身的方法。他覺得，完全是因為宗喀巴大師的仁慈，幻身的修持才得以清晰。耶喜喇嘛也撰寫了關於那洛六瑜伽的論釋，但是他沒有完成。

從我的觀點來看，當耶喜喇嘛在宗喀巴大師中心的時候，就已經成就了幻身。我之所以認為如此，乃是因為耶喜喇嘛說他對宗喀巴大師生起了不可思議的信心，而且他只閱讀關於幻身的法本，而這些法本大多源自密集金剛密續。我認為，耶喜喇嘛對宗喀巴大師生起虔敬心，乃是因為宗喀巴大師針對如何證得幻身，做了最清晰、最深廣的解釋。

耶喜喇嘛似乎能夠在同一時間、在不同的房間閱讀各種不同的法本。舉例來說，當耶喜喇嘛在兜率天閉關中心進行閉關的時候，他會在關房閱讀一本法本，在外房閱讀一本法本，在溫室又閱讀另一本法本。這讓我想起宗仁波切所說、已經證得幻身的行者的故事。當這些行者在夜晚睡覺的時候，他們會在同時用細微身來閱讀和記憶經典。我認為，耶喜喇嘛之所以能夠在如此短暫的時間之內閱讀如此眾多的典籍，乃是因為他在夜晚使用幻身的緣故。從耶喜喇嘛如此充滿信心地談到一個瑜伽士能夠運用細微身從事那麼多的行為，我可以了解耶喜喇嘛本身也具備這種力量。

當兜率天閉關中心正在興建一座新的關房的時候，有一天早晨突然起了大火。木匠和其他工人試著用水來滅火，但是每一個人都擔心火勢會失去控制。那個時候，耶喜喇嘛和他的兄弟格西聽列在鄰近住所的屋頂上吃早餐。耶喜喇嘛甚至沒有站起來觀看那場大火。他只是坐在椅子上，相當地輕鬆。我們其他人都非常擔心，耶喜喇嘛卻完全不擔心。當我走向耶喜喇嘛的時候，他說：「這場火的危險不大，不會造成任何災害。」

即使火勢非常猛烈，耶喜喇嘛仍然泰然自若，並且提及在宗

喀巴大師的時代，一座西藏寺院起火的故事。宗喀巴大師不需要水或一大群人來幫助他。他只是坐在原處，運用他的細微身來滅火。我覺得，這個故事和耶喜喇嘛用自己的行動來終止火災帶來的危險有所關聯。

即使耶喜喇嘛沒有獨自住在洞穴之中，但他卻是一個偉大的密續修行者，一個真正的苦行禪修者。耶喜喇嘛是一個偉大的秘密瑜伽士。他之所以能夠被冠上「瑜伽士」的封號，不是因為他能夠從事密續儀軌，而是因為他擁有明光和幻身的無謬了悟。他達到了密續大手印的次第。

在耶喜喇嘛圓寂前不久，考慮是否應該接受心臟手術的時候，他說：「手術成功與否並不重要。我已為僕服務他人。我做得足夠，現在完全心滿意足，沒有憂慮。」

對我們而言，這是一個偉大的教法；是耶喜喇嘛和釋迦牟尼佛的核心教法。

如同寂天大師在《入菩薩行論》❷中說的：

> 願我成為那些沒有護法的人的護法，
> 成為那些已經進入此道的人的指引；
> 願我成為橋樑和船舶，
> 為了那些希望渡至彼岸之人。
>
> 願我是那些尋找島嶼的人的島嶼，
> 以及那些需要光亮的人的明燈；
> 願我是所有想要僕人的人的僕人，

以及所有希望安息的人的臥床。

　　這是耶喜喇嘛的主要教法，以及他時時刻刻的修持。這是耶喜喇嘛的精簡傳記。

🌱

　　這篇前言是從耶喜喇嘛的心傳弟子——喇嘛圖敦‧梭巴仁波切的開示匯編而成。當耶喜喇嘛在一九八四年圓寂的時候，喇嘛圖敦‧梭巴仁波切成為護持大乘法脈聯合會的精神導師。護持大乘法脈聯合會是一個國際性的網絡，如今擁有一百多個中心，主要在研習和修持西藏佛教，以及執行耶喜喇嘛所建立的其他活動。關於耶喜喇嘛的詳細生平，可以參考他所出版的著作。

原註：

❶ 布沙度瓦（Buxa Duar）：位於印度的西孟加拉，是大多數的西藏僧侶在一九五九年逃亡至印度時的居住地。在英國統治印度期間，布沙度瓦曾經是一個囚營。

❷ 第三品第十八、十九偈。

譯註：

① 護持大乘法脈聯合會（Foundation for the Preservation of the Mahayana Tradition，FPMT）：是為了將大乘顯密教法傳遍世界而設立的國際性組織，由耶喜喇嘛和梭巴仁波切在一九七四年創立，目前全球有一百三十七個中心。

【英文版編者序】如果明年不行，來生再續

　　《拙火之樂》集結了圖敦・耶喜喇嘛（1935-1984）所傳授的最後兩個重要的教法。這兩個教法都是針對宗喀巴大師的《俱信論》所做的論釋；而《俱信論》本身即是針對那洛六瑜伽——無上瑜伽密續的一個圓滿次第法門——所做的一本論著。一九八二年十二月中旬，耶喜喇嘛在位於義大利波麥雅附近的宗喀巴大師中心，第一次對著一百五十位學生講授那洛六瑜伽；那是一個為期三星期的閉關式課程。一九八三年六月，在另一個為期兩星期的閉關式課程期間，對著一百位學生講授那洛六瑜伽；這一次的地點是在美國加州北部的金剛手中心。

　　在兩次授課期間，拙火瑜伽是耶喜喇嘛強調的重點，拙火瑜伽即那洛六瑜伽之首。耶喜喇嘛說，要涵蓋宗喀巴大師《俱信論》中的所有主題不是他的目標，事實上，他詳細教授的內容大約只有《俱信論》的三分之一。在兩次授課之前，耶喜喇嘛都給予勝樂嘿魯嘎的灌頂。他後來解釋，拙火瑜伽和這個本尊有所關聯。

　　在兩次授課期間，耶喜喇嘛用藏文給予《俱信論》的口傳，其中穿插著翻譯、出自個人經驗的論釋、個人的奇聞逸事、修行建議、笑話、手勢和許多笑聲。耶喜喇嘛最希望的，莫過於每一個人去「品嘗」拙火瑜伽的滋味。他期望每一個人精進修持，維持一個閉關的狀態。在授課之間，學生們密集地觀修耶喜喇嘛所解釋的技巧，保持禁語，並且修持與拙火瑜伽相關的功法。耶喜喇嘛一再強調，他要每一個人去修行、去獲得拙火瑜伽的真實覺

受，不要僅僅滿足於智識的理解。他用很少的時間來說明拙火瑜伽的歷史和哲學背景，卻很努力地講述拙火瑜伽的技巧和各種前行法。

在導論之後，我們收錄了一篇祈請文，那是傳統用來祈請那洛六瑜伽傳承上師加持的祈請文。

在第一部「那洛六瑜伽」之中，耶喜喇嘛鼓勵我們去修持密續，尤其是拙火──密續道的基石。在簡短陳述啟發人心的大成就者那洛巴和宗喀巴大師的傳記之後，耶喜喇嘛強調修行的必要，而非加以智識化。

在第二部「前行法」裡，簡要說明了密續修行的前行法：大乘共的前行（通往證悟之漸進道路之修法），以及不共前行（領受密續灌頂、持守誓戒、金剛薩埵和上師相應等不共之密續前行）。

第三部「超越表象」介紹無上瑜伽密續之生起次第，其中包括生起佛慢，栩栩如生地觀想本尊，把一般的死亡、中陰和投生的體驗轉化成為佛的清淨覺受。在這個部分，耶喜喇嘛也根據密續解釋了身體和心識的特質，尤其特別強調對心之究竟本質或空性的了解。

第四部「喚醒金剛身」探討拙火的實際前行，包括讓身體可資運用的功法；觀修脈、脈輪和種子字；以及寶瓶氣修法。

第五部「發現圓滿」包含了耶喜喇嘛根據自身的經驗，傳授生起拙火過程的教法；自生大樂智慧的生起；簡短地探討那洛六瑜伽的其他五種瑜伽，通往證悟之完整的密續道。

最後，在第六部「與拙火共生」中，耶喜喇嘛提供了如何把

拙火的修持帶入日常生活中的實際建議。

我們選擇用正確的發音來翻譯所有的咒語和種子字。然而，最重要的建議是，讀者應該根據你的上師所給予的咒語口傳的發音來念誦咒語。關於其他的梵文字，我們使用近似它們發音的字。

願每一個閱讀《拙火之樂》的讀者受到啟發鼓舞，而去尋找一個密續上師，進入無上之密續道，並且為了一切有情眾生而迅速獲致證悟。願喇嘛天津・宇色仁波切——耶喜喇嘛的轉世，保存宗喀巴大師無懈可擊之教法，完成耶喜喇嘛針對那洛六瑜伽所做之未竟之論著。如同耶喜喇嘛在金剛手中心授課結束之際所說的，那是在他圓寂前九個月時，他這麼說：「如果我活著，你們活著，或許我們還會再相見。下一次，我們將詳細地討論幻身、夢的覺受、明光的覺受、遷識，以及入他身。這些主題更加甚深精微。你們應該修持我們已經討論的教法，並且祈願未來能夠修持那洛六瑜伽的其他法門。如果明年不行，那麼我們可以來生再續。」

【導論】品嘗巧克力的滋味

強納森・蘭道

一九八七年，智慧出版社出版了一本耶喜喇嘛的著作《密乘入門》（*Intorduction to Tantra*）。這本著作集結了耶喜喇嘛在一九七五至一九八三年間所傳授的無數教法，讓讀者一窺甚深、但是常常被誤解的西藏密續佛教世界。透過清晰而啟發人心地討論心之本然清淨、如何認清並克服我們有限的思想模式、密續本尊瑜伽的自我轉化技巧等主題，耶喜喇嘛以一種普及於廣泛聽眾的方式來呈現密續的證悟觀。在這本入門書之中，耶喜喇嘛想要以這樣的方式來傳達這些最上乘的佛教教法的滋味，使得心靈的追尋者不論其文化背景或宗教歸屬，都能夠被驅動去發掘他們自己的本然清淨，實現他們最高的潛能，並且為他人帶來最大的利益。

在《密乘入門》那本書之中，有許多段落擷取自耶喜喇嘛圓寂之前所傳授的最後兩個重要的教法。耶喜喇嘛分別在一九八二年於義大利波麥雅的宗喀巴大師中心、一九八三年於美國加州博德溪的金剛手中心傳授這兩個教法。焦點都集中在無上瑜伽密續——第四部，也是最上乘的密續——的拙火修行法門之上；拙火瑜伽包含在著名的那洛六瑜伽之中，以及由宗喀巴大師針對那洛六瑜伽所做的論著《俱信論》之中。目前這本著作《拙火之樂》，乃是最後這兩個教法的集結。

❧ 教法的來源

雖然本書所解釋的拙火修行法門可以追溯至十一世紀著名的

佛教學者，密續大師班智達那洛巴的六瑜伽——那洛六瑜伽即是以那洛巴來命名，但是我們不應該認為那洛六瑜伽是那洛巴的發明。相反的，如同所有正統的佛教密續教法一般，那洛六瑜伽源自生於兩千五百年前的釋迦牟尼佛（西元前五六四～四八三）。然而，如同第十四世達賴喇嘛在《藏傳佛教世界》一書中所指出的：

> 我們不需要認為所有的密續教法都是佛陀住世期間所宣說的。相反的，密續教法也可能源自高度證悟之個人的非凡洞見；這些人能夠把人類身體和心識內的元素和潛能探索到極至。如此探索的結果是，一個修行者能夠獲致非常高的證量和視界，因而使他或她能夠領受秘密的密續教法。因此，當我們觀修密續教法的時候，我們不應該讓時間和空間的僵化見解限制了我們的觀點。（《藏傳佛教世界》，頁93）

印度大成就者那洛巴和西藏大師宗喀巴，都是達賴喇嘛所指的「高度證悟的個人」，因而能夠直接從證悟的本源領受諸如拙火瑜伽等甚深的教法。

當釋迦牟尼佛傳授上乘的密續教法的時候，主要是以金剛持的身相示現；金剛持有時候被稱為「密續之佛」。一般來說，這些密續教法的加持、教授和了悟是透過兩種形式的傳承延續至今：遠傳承和近傳承。遠傳承是由世代相續、彼此互為上師和弟子的關係所構成。至於本書所談論的密續教法，也就是上師弟子世代相續的傳承，始於佛陀金剛持，其中包括著名的印度大成就者薩惹哈、龍樹、甘他巴和帝洛巴。

　　至於所謂的近傳承，則是源自比遠傳承更直接的方式。以那洛巴為例，他不但從他的上師帝洛巴那裡領受密續灌頂，也能夠直接和佛陀金剛持進行溝通；密續之佛以密續本尊的身相化現在他面前，例如喜金剛、勝樂嘿魯嘎，以及金剛瑜伽女。至於宗喀巴大師，他不但是印度、尼泊爾和西藏大師的傳承繼承人──他和那洛巴之間分隔了四百年，他也透過他的本尊文殊師利，即所有證悟者之智慧的化身，從金剛持那裡領受教法。因此，我們所知道的那洛六瑜伽教法，包括本書的主題「拙火的修行法門」在內，都不應該被認為是印度上師或西藏喇嘛後來所創造出來的。它們終究都根源自釋迦牟尼佛本身的了悟，並且透過證悟的修行者不間斷的傳承延續至今。

❧ 本書作者及其教授的風格

　　圖敦・耶喜喇嘛在色拉寺開始接受佛教的訓練。色拉寺是由宗喀巴大師及其弟子在西藏首府拉薩附近所興建的三大學習和修行的機構之一。一九五○年代，在中國佔領西藏之後，耶喜喇嘛在印度北方的布沙度瓦難民營完成正式的訓練。不像色拉寺大多數的同袍侷限於宗喀巴大師創立的格魯派傳承，耶喜喇嘛對所有傳承的教法深感興趣。在布沙度瓦，耶喜喇嘛的學生包括來自這些不同傳承的喇嘛，即是他擁有開放的心胸和不分派態度的明證。

　　耶喜喇嘛接受的佛教教育有兩大部分。第一部分被稱為「經論」，並且是以那些教法或經論來命名，例如《般若波羅密多經》，在這些經論之中，釋迦牟尼佛宣說了通往正等正覺之一般

修道的各種面向。西藏寺院中的學習課程不只包括佛陀本身的教法，也包括許多印度大師針對這些教法所做的論釋。例如月稱之《入中論》、彌勒／無著之《現觀莊嚴論》、寂天之《入菩薩行論》，以及阿底峽之《菩提道燈論》等。透過研習、辯論和觀修這些典籍，以及後來由西藏大師針對這些典籍所做的論釋，透過密切接觸正統的口耳傳承，在色拉寺和其他寺院的學生因而有機會去了解、去了悟佛陀教法深廣的涵義。

　　透過研習這些經論所提供之戒律、邏輯分析、充滿慈悲的發心、充滿洞見的智慧等基礎，具格的修行者便能夠進入佛學教育的第二個重要部分：甚深的密續研習。在梵文之中，「密續」這個詞彙是指釋迦牟尼佛或金剛持的上乘教法；透過這些上乘教法，修行者可能在最短的時間內達成所有佛教道路的最終目標──證悟成佛。每一個密續都把焦點集中在一個具有特殊證悟心識面向的本尊之上。以耶喜喇嘛為例，他領受了以勝樂嘿魯嘎、金剛瑜伽女、大威德金剛和密集金剛為觀修本尊之密續灌頂和教法，並且根據《俱信論》來研習那洛六瑜伽；《俱信論》是宗喀巴大師以自身的覺受為基礎，而針對那洛六瑜伽所做的論著。耶喜喇嘛從其時最偉大的密續大師那裡，領受到這些法門的傳承加持，其中包括金剛持林仁波切（一九〇三～一九八三）、金剛持崔江仁波切（一九〇一～一九八一）；他們兩位分別是第十四世達賴喇嘛的正副教師。

　　耶喜喇嘛不只研習這些甚深的密續教法，也在密集閉關和日常生活之中，把它們付諸實修。很明顯地，在耶喜喇嘛的晚年，勝樂嘿魯嘎是他的主要修行法門。他投入大量的時間和精力，去

獲得對此一無上瑜伽密續的更深了悟。根據他的心子喇嘛圖敦・梭巴仁波切的說法，耶喜喇嘛私下撰寫了他個人修持勝樂嘿魯嘎和那洛六瑜伽的覺受，並且常常和喇嘛梭巴談到明光和大樂——這些上乘密續修行法門的精髓。

那麼，耶喜喇嘛在生前所給予的最後兩個重要的教法，都把焦點放在那洛六瑜伽的拙火瑜伽之上，而且在傳法之前給予勝樂嘿魯嘎的灌頂，一點也不令人感到驚訝。透過拙火瑜伽，修行者可以獲得明光之大樂覺受。此外，直到他的心臟停止之前，勝樂嘿魯嘎是耶喜喇嘛最後所從事的修行法門，一點也不令人感到驚訝。然而，尤其啟發人心的是，由於耶喜喇嘛精通充滿大樂之明光，因此在接近死亡的時刻，他能夠圓寂，並且完全用心識來掌控自己的投生，甚至到了能夠選擇自己未來父母的程度。他選擇曾經協助在西班牙建立一個禪修中心「宇色林」——明光之處所——的兩位弟子，做為未來的父母。他們的兒子，天津・宇色仁波切在一九八五年出生，被第十四世達賴喇嘛認證為耶喜喇嘛的轉世，目前在位於北印度的色拉寺學習。北印度是許多傑出的西藏佛學院所在之處。

雖然拙火瑜伽的修行法門屬於最上乘的佛教教法，但是耶喜喇嘛常常以最精簡的方式來呈現這些教法，即使是對最新進的弟子也是如此。他這麼做是為了讓每一個人都品嘗到永不枯竭的大樂能量寶藏；而此一大樂能量在此時此刻、在當下就存在於我們每一個人的內在。雖然如此的大樂能量本身無法讓我們從不滿和痛苦的惡性循環中解脫，但是我們直接體驗它的能力——如耶喜喇嘛常常說的，去「品嘗巧克力的滋味」——會替我們帶來重大

而具有利益的效果。諸如此類的覺受使我們相信，僅僅透過禪定來控制我們的心，就能夠帶來深刻的改變。諸如此類的直接覺受所帶來的啟發，能夠增長我們的修行。

耶喜喇嘛在義大利和美國加州所傳授的課程，即本書內容的來源，是以禪修閉關的形式來進行，並且意在指引和鼓勵參與者去獲得一種真實的覺受，而非只是智識的理解。課程的重點放在那洛六瑜伽的教授，而沒有深入檢視其歷史意義或哲學基礎。由於大多數的課程參與者已經從先前接觸佛教教法的經驗，對必要的前行相當熟悉，因此授課的焦點自然就放在拙火瑜伽的修行步驟之上。因此就這個意義來看，《拙火之樂》如同第二本《密續之門》，開啟了無上瑜伽密續上乘修行法門的世界，而《密續之門》則開啟了密續的世界。

除了處理比較高深的主題之外，《拙火之樂》不同於《密續之門》之處，在於它把焦點放在密續修行法門的特定技巧之上。讀者將會發現，《拙火之樂》提供了拙火瑜伽各個階段的詳細教授。因此，對於那些有意自行從事這種嚴肅而冗長的法門的人而言，本書是一本非常寶貴的手冊。然而，由於許多讀者可能缺乏欣賞這些教法的必要背景，因此提出密續之道的幾個重點以及拙火瑜伽的脈絡，來介紹耶喜喇嘛的教授，或許會有幫助。

密續道之總覽

所有佛教教法的最終目的，是帶領其他人通往證悟或成佛。這種全然清淨、廣闊的心識狀態，是以無限的悲心、智慧和善巧方便為特徵。釋迦牟尼佛的大乘教法強調，唯有透過證得如此徹

底的覺醒心，我們才能夠實現我們本俱的心靈潛能，而且更重要的是，如此才能夠為他人帶來最大的利益。

　　如之前所陳述的，大乘提出了兩個相互關聯的方法，來獲致這個全然而徹底的證悟：比較一般的經乘，以及秘密的密續乘。經乘使用漸進的方式，來移除遮掩一個人本然清淨之心的障蔽，如同剝除一層層的洋蔥一般。在此同時，慈、悲、智慧等心的正面品質逐漸地增強，如此一來，一個人最後會達到超越凡俗的、自我中心的心識狀態。

　　對於經乘的修行而言，了無執著、慈悲利他和深入覺察是如此重要的教法，而這些教法也構成了密續乘的基礎。但是密續乘，也被稱為密咒乘或金剛乘，做為一個所謂的「果乘」，而有別於經乘。換句話說，具格的密續修行者可以把未來的道果、證悟的覺受，做為他或她的修行基礎。在一個凡庸的、有限的自我形象之地，密續修行者強而有力地觀想自己以一個特定本尊的身相，已然獲致完全的證悟。所有凡俗經驗的元素——一個人的周遭環境、感官享受和活動——都被視為一個類似的、證悟的轉化。每一件事物都被視為是清淨而充滿大樂的，如同一個佛從中獲得的覺受一般。相較於僅僅仰賴經乘的修行法門，透過如此的訓練方式而更加迅速地獲致全然的證悟是可能的。

　　「證悟的轉化」這個主題普遍存在於密續教法和修行法門之中。根據其他宗教的說法，能量和心識狀態之於心靈成長是負面而對立的，但是它們卻被密續的秘法轉化成為增益一個人內在發展的力量。在這些能量和心識狀態之中，欲望（貪）的能量居首。根據經乘的根本教法，貪著只會使人陷入輪迴的痛苦之中：

無法控制生死、無明、充滿了不滿的惡性循環，在這個循環之中，尚未覺醒的眾生作繭自縛。因此，如果一個人真的希望能夠從這個痛苦的輪迴中解脫，那麼把貪著之毒從一個人的心中連根拔除是必要的。儘管密續乘同意，如果要獲得解脫和證悟，所有這些源自無明的貪欲終究是要被調伏的，但是密續乘也把在這個貪欲之下的巨大能量視為一個不可或缺的資源。透過善巧方便和訓練，這個資源可以被運用，如此一來，它可以增益而非干擾一個人的心靈發展。

　　當然，任何運用貪瞋癡強而有力，及可能具有毀滅性能量的修行道路，確實是危險的。如果遵循不當，或者懷著自私自利的發心，密續可以把修行者導入身心承受不可思議之巨大痛苦的境界中。這是為什麼即使密續的修行技巧可以被陳述在諸如本書的著作之中，但是它們唯有在一個具格的密續上師的監督之下，才能夠被安全地遵循，並且有所成果；也唯有那些生起強烈的利他發心、領受了必要的灌頂、清淨持守密續誓戒、從事正確的前行法之人，才能夠安全地遵循，並且有所成果。據說，那些依止一個成就的密續上師、清淨地從事密續修行的人，可能在一個生世、甚至在幾年之內達成完全證悟的目標。

　　在證悟道上，不是所有的密續體系都具有同等的力量來推動修行者前進。相反的，密續被分為四部：事業部、行部、瑜伽部和無上瑜伽部，而唯有透過清淨修持無上瑜伽密續的一個系統，才有可能以最迅速的方式獲致完全的證悟。這四部密續之間的主要差異在於，各部行者在修道上運用貪欲的不同能力。較低層次的密續部修行者，只能控制和運用較低層次的貪執，一般來說，

是指注視、相笑和擁抱一個具有吸引力的伴侶的時候所生起之貪
欲，而具格的無上瑜伽密續修行者則能夠將強烈能量導入修行道
上，其強度有如性交時所生起的貪欲。

　　在無上瑜伽密續之中，修行者透過兩個層次的修行來運用貪
欲：生起次第和圓滿次第。生起次第是圓滿次第之前行，其中包
括栩栩如生地觀想自己是本尊，並且生起身為本尊的佛慢。舉例
來說，如果一個修行者以密續之男性忿怒尊勝樂嘿魯嘎為本尊，
那麼該修行者就要超越自己是一個有限的、身陷輪迴之人的凡俗
見解，而要生起自己是一個證悟的、充滿力量的本尊自我形象。
這不只牽涉了修行者要熟悉勝樂金剛身、語、意的各種品質，如
此修行者才能夠體驗自己擁有這些品質，同時也要嫻熟觀修勝義
諦：空性。

　　空性這個主題太過深廣，而無法在此詳述。簡而言之，空性
是指去除心因為無明而生起的所有謬誤見解；這種見解認為事物
是真實存在的。對於所有的佛教修行系統而言，無論是經論或密
續，去認清以下的事實是重要的：我們對自己和周遭環境有限
的、堅實的見解，其本質是無明的，因此是所有痛苦的根源。如
果我們想要從輪迴的過患中獲得長久的解脫，我們就必須根除所
有的謬誤見解。如同耶喜喇嘛在《密乘入門》中所指出的：「只
要我們身負這些謬誤見解的重擔，我們就會身陷自我投射的世界
之中，永無止境地在為自己創造的痛苦輪迴中流浪。但是如果我
們能夠根除這些邪見，將能夠體驗到解脫、虛空和無造作之安
樂。」

　　密續的修行法門結合了空性瑜伽和本尊瑜伽。透過空性瑜

伽，所有自我的凡俗之見都消融了；透過本尊瑜伽，一個人視自己為一個特定之本尊。如同達賴喇嘛在《藏傳佛教世界》中所指出的：

> 無上瑜伽密續的一個獨一無二的特徵在於，它在甚深之修道上使用各種不同的禪修技巧，而這些技巧不但相對應於成佛之果位，也就是佛之三身，也相對應於尋常人身之清淨基礎——舉例來說，即死亡、中陰和投生。（《藏傳佛教世界》，頁125）

　　這些相對應的事物簡要地列在以下的表格之中，並且也針對佛之三身做了簡短的陳述。獲致完全的證悟或成佛，是為了達成兩個目的：自身的證悟，以及他人的證悟。獲致證悟之時，所有因無明而生起、製造痛苦的心之障蔽都被根除了，並且增益了諸如充滿大樂之覺察、宇宙之慈悲等無邊無量的、利益他人的品質；這種心識的圓滿完全實現了修行者遵循心靈道路的目的。但是，這種非常細微、毫無障蔽、完全發展的心識——也就是佛之法身——只有在化現為那些尚未完全證悟之人能夠理解的身相的時候，才能夠圓滿其他人的需求。因此，懷著利益他人的慈悲發心，細微的報身（或樂身）先從毫無障蔽的法身中化現，而此一報身只有較高層次的菩薩能夠覺知；然後較粗重的化身從中化現，甚至連凡夫俗子都能夠接觸此一化身。透過報身和化身的導引和啟發，而圓滿成就了其他人的需求。

三時	觀修對境	佛身
死亡 / 睡眠	明光	法身
中陰 / 夢境	種子字或光線	報身或樂身
投生 / 再度清醒	本尊	化身

　　在修持無上瑜伽密續的生起次第期間，修行者模擬從死亡、中陰到投生的過程——相對應於從睡眠、夢境到再度清醒的過程，如此一來，此「三時」被用於修道之上，並且被視為佛之三身。雖然行者在生起次第期間深入地觀修死亡時，所體驗到愈加細微的心識狀態，並且深入地觀修與中陰和投生相關的轉化，但是事實上，這些變化不是在這個時期發生。相反的，這些生起次第的修行法門是為了真正的轉化所做的「排演」；真正的轉化只發生在修持高深的圓滿次第期間。因為在修持圓滿次第期間，修行者已經能夠控制構成金剛身的元素，即存在於粗重身皮囊之內的脈、風息和明點，透過這種控制，修行者不但能夠模擬死亡的覺受，也能夠引生在死亡時所發生的實際轉化。

　　所有圓滿次第的修行法門都直接或間接地和拙火瑜伽的觀修技巧有所關聯，這也是本書的主題。透過嫻熟拙火瑜伽，修行者能夠完全控制金剛身，把心識帶到最細微、最深入的狀態：充滿大樂之明光覺受。這種極為強而有力的心識狀態是無上的，它能夠直接而深入地洞見究竟真理（勝義諦），因而根除了所有心的煩惱。

　　透過甚深的圓滿次第修行法門，修行者身、語、意的活動都變成心靈成長的自然資源，因為所有形式的貪欲都被用於修道之

上。最後，修行者發展出與死亡談判的能力，並且運用全然的覺察和控制力來超越死亡。在修道的最後，修行者獲致無限覺察之大樂狀態，也就是全然之證悟，並且自然而毫不造作地實現利益一切有情眾生的慈悲發心。如此一來，修行者實現了無限慈悲、智慧和善巧方便之內在潛能，其生命變得充滿意義。

　　這個針對密續修行的一些重點所做的簡短摘要，應該能為讀者提供一個背景脈絡。如此一來，讀者將比較能夠欣賞本書對於那洛六瑜伽之拙火瑜伽所做的論釋。對於那些產生興趣的讀者，應該去尋找可依止的密續上師，並且從這些上師那裡領受經論密續修行法門的教導。

【祈請文】那洛六瑜伽傳承上師祈請文

吉祥殊勝之根本上師，
請坐在我心間蓮花之上，
用你的大慈來照護我，
懇請賜我身語意之成就。

嘿魯嘎，大樂壇城之遍在主，
帝洛巴，完全證得大樂與空性，
那洛巴，嘿魯嘎之化身，
懇請賜我大樂空性之智慧。

瑪爾巴，金剛持之頂嚴，
密勒日巴，證得金剛果位，
岡波巴，金剛部之無上者，
懇請賜我大樂空性之智慧。

帕摩竹巴，有情眾生之怙主，
吉丹松貢，有情眾生之導引，
惹瓊巴，成就有情眾生之利益，
懇請賜我大樂空性之智慧。

蔣巴佩，譯師之主，

蘇南旺波，法意之寶庫，
蘇南桑傑，語言邏輯之傳授者，
懇請賜我大樂空性之智慧。

揚策瓦，遍觀經典之義，
布敦仁千竹，眾聖之頂嚴，
蔣巴佩，大聖哲大成就者，
懇請賜我大樂空性之智慧。

札巴旺秋，具足法眼，
遍知法王洛桑札巴，
偉大的堪竹傑，無上之法子，
懇請賜我大樂空性之智慧。

巴索卓堅，具足圓滿智，
秋吉多傑，獲致全然之解脫，
洛桑東竹，一切有情之導引，
懇請賜我大樂空性之智慧。

桑傑耶喜，摧破種種邪見，
遍知者洛桑卻吉嘉岑，
當卻嘉岑，棄絕一切迷妄，
懇請賜我大樂空性之智慧。

旺秋明康巴，秘密之瑜伽士，
那達，化現為偉大之秘密道，
阿旺蔣巴，秘密寶藏之持有者，
懇請賜我大樂空性之智慧。

耶喜嘉岑，聖妙之導師，
阿旺天巴，佛之一切教法之大師，
耶喜天津，一切密續之導引，
懇請賜我大樂空性之智慧。

文殊師拉，一切諸佛之化現，
彌哲巴，興盛佛之甚深教法，
格桑丹增，佛之最勝法子，
懇請賜我大樂空性之智慧。

了悟密續之義乃無別之善巧方便智慧，
用道之甚深要訣——善巧方便——來修心，
秋吉多傑，一切有情眾生之善巧導引，
懇請賜我大樂空性之智慧。

憑藉專注於一境之修持，
成為通達勝義之無上成就主，
貝瑪多傑，極秘密道之揭示者，
懇請賜我大樂空性之智慧。

你身集粗細諸脈、空行空行母，
一切根本和傳承喇嘛及三寶，
根本上師德千寧波，
懇請賜我大樂空性之智慧。

勝樂金剛，大樂之遍在主，
無上之金剛亥母，四喜之賜予者，
恆時受用大樂之空行空行母，
懇請賜我大樂空性之智慧。

人生無常，如同天空之閃電，
在輪迴中所獲得的一切美好事物都必須留在身後，
觀此事實，加持我，使我的心轉向佛法，
並且生起解脫之決心。

我可憐的老母親們為了利益我，
而在無盡的生世中飽受身心痛苦的煎熬，
加持我生起解脫她們的悲願和菩提心，
並且實踐菩薩道之願行。

加持我對仁慈的上師──一切成就之根源
生起真誠無造作之虔敬心，
護持我所領受的一切誓戒，

如同我殷重地保護自身的性命一般。

一切顯相皆為本尊之壇城，
加持我的心透過大樂之覺受而成熟
了悟一切事物之本質，
離於戲論。

藉由外在與內在的方便法門，
引帶清新的風息進入中脈而引燃拙火，
加持我了悟從接觸融化之昆達里尼
而生起之自生大樂。

加持我的粗重心和風息在睡位中停息，
轉為大樂明光之本質與空性，
一切希冀之事物皆毫無障礙地生起，
諸如幻身在如中陰的夢境中化現。

證得自生明光之大樂，
依仗明點生起本尊與明妃，
開展顯現神奇幻化網，
加持我在此生證得雙運。

如果死亡因業力而降臨，
加持我生起了悟母子明光之信心，

於中陰生起報身，
願我藉此神奇化現引導有情眾生。

加持我成就遷識瑜伽，
從梵穴進入虛空、進入空行母之淨土，
成就入他身瑜伽，
隨我所欲進入他身之蘊聚。

依仗吉祥嘿魯嘎及其明妃、
三處空行母之護持，
願所有內外之障礙盡除，具足順緣，
願我迅速圓滿殊勝道之二次第。

願一切吉祥！

【祈請文】那洛六瑜伽傳承上師簡略祈請文

大金剛持帝洛巴、那洛巴、
瑪爾巴、密勒日巴、法主岡波巴、
帕摩竹巴、勝者直貢巴，
祈請近傳承和傳承上師。

你身集粗細諸脈、空行空行母，
一切根本和傳承喇嘛及三寶，
根本上師德千寧波，
懇請賜我大樂空性之智慧。

在今生，
加持我證得吉祥之那洛六瑜伽，
這些無上之教法，
匯聚了成千上萬父續母續之甚深心要甘露之妙法流。

第一部

那洛六瑜伽

第一章
密續與拙火

　　世尊佛陀隨著有情眾生各種的需求和能力，從許多不同的層面來教授證悟之道。為了傳授最高深的教法，即眾所周知的密續乘或金剛乘，他化現為金剛持的秘密身相。金剛乘是獲致完全證悟的最快速車乘。

　　根據世尊佛陀一般的教法，即經乘，欲望是人類問題之肇因，因此必須加以規避。然而根據金剛乘的說法，正是這個欲望可以被用來當做證悟道路上的資糧。在強烈的出離心、大慈悲心以及空性這種正見的基礎上，密續的修行者把自身歡悅的能量當做一個資源，並且在甚深三摩地的禪定之中，把它和了悟空性的智慧合而為一。逐漸地，修行者從中生起了自生的大樂智慧，而此帶領修行者通往證悟。

　　在密續之中，我們處理的是歡悅，而不是痛苦。有資格修持密續的人，能夠應付歡悅，體驗歡悅而不失去控制，並且運用歡悅。這是密續的重要特質之一。對於那些痛苦悲慘的人，密續發揮不了作用，因為他們沒有可以運用的資糧。

　　在密續的修行之中，我們運用自己身體的能量。這個資糧是由六個因素構成：四種元素（即「四大」，地、水、火、風）、我們精微的神經系統之脈，以及存在於脈之中、充滿大樂的昆達里

尼明點❶。人身是密續的金礦，是我們最珍貴的資產。

　　我們需要的是一個充滿技巧的方法，來利用這個強而有力的能量，如此一來，我們不只能夠在日常生活中獲得更多更多的滿足，最後也能夠達到完全證悟的全然滿足。而我們所需要的是，拙火瑜伽的修行法門。

　　在那洛六瑜伽①這套密續修行法門之中，拙火是第一個法門。其他五個法門是幻身瑜伽、明光瑜伽、遷識瑜伽、入他身瑜伽，以及中陰瑜伽。在給予這個開示期間，我主要的重點將放在拙火瑜伽之上。

　　在藏文之中，我們稱「拙火」為「修道之基石」。它是了悟「幻身瑜伽」和「明光瑜伽」的基礎，而事實上，是了悟所有高深的密續圓滿次第法門的基礎。稍後我將更加詳盡地加以探討；簡而言之，為了達到證悟，我們運用拙火的修行法門來引發我們體內所有的風息或生命的能量，使其進入我們精微的神經系統之中脈，並且在中脈之中穩定、融攝。如此會帶來自生大樂的覺受。接著，這種大樂──不僅僅是感官的歡悅，也是超乎我們一般想像的甚深覺受──和了悟空性的智慧合而為一；這個過程最後會使幻身瑜伽與究竟明光智慧相結合，進而獲致完全的證悟。

　　在藏文之中，拙火被稱為「圖摩」，其字面意義是「勇敢的女性」。「圖」意指「勇氣」或「勇敢」；「摩」在藏文的文法中，被當做一個陰性字，代表無二無別的智慧。「圖摩」是充滿勇氣的，因為它摧毀所有的煩惱迷妄；它是女性的，因為它能夠使我們最細微層次的心識去了悟自生的大樂智慧。這是密續修行的主要目的，而拙火瑜伽能夠幫助我們達成這個目標。

　　拙火瑜伽真的適合西方人的心靈，因為西方人喜歡去研究物質，研究能量。你們喜歡去嘗試它，修整它，改變它，操縱它。在拙火瑜伽之中，你們所做的正是這些事情，但是不同之處在於，你們是在嘗試你內在的能量，你自己歡悅的資源。

　　此外，西方人喜歡立即的滿足。立即的滿足是你們所期待的，而拙火瑜伽給予你們這種立即的滿足。它是你們所聽聞的、通往證悟的直接道路。它是一個非常簡單的過程：非常實際、非常科學，而且非常合乎邏輯。你們不必去相信拙火瑜伽帶來大樂，使其發揮作用；你只要去修持拙火瑜伽，就會得到結果。

　　道次第，也就是通往證悟之道的步驟，以一種較為宗教的方式帶來滿足；拙火瑜伽比較科學，因為去實踐它不必仰賴宗教信仰。如果你去修持，覺受就會自動生起。其中沒有牽涉風俗習慣或儀式。以拙火瑜伽而言，你是在直接處理你自己的內在實相；你是在增長你已經擁有的明點和暖熱的力量。它非常強烈而有力量，相當驚人，如同一座火山從你的內在爆發。

　　道次第的哲理和方法是以智識的方式來呈現，就某種程度而言，你在智識上是信服的。然而，這種信念如同天空上的雲朵。當雲朵在天空上的時候，你的心靈修持是堅強的；但是當雲朵消失的時候，你感到挫折，你的修行變得微弱。在了解了道次第之後，當你聽到拙火瑜伽是通往證悟的根本道路的時候，你突然身處於一個嶄新的世界。

　　拙火瑜伽是真正的巧克力！你可能會發現從事其他的禪修很難獲得成果，但是拙火瑜伽卻是一個敏感而快速、讓你相信自己有所進展的方式。拙火瑜伽會令你吃驚。當你修持拙火瑜伽的時

候，你會想：「我還需要什麼呢？這是唯一的道路。」其他的修行法門將相形見絀，淪為次等。經乘巨細靡遺地解釋禪修的技巧來生起甚深的三摩地，但是它和拙火瑜伽無可比擬；拙火瑜伽帶來一種爆發的、無二無別的智慧，一種爆發的大樂。專注於一種感官，甚或專注於佛陀來入定是可以的，但是它無法使你獲得自生大樂智慧的最大了悟。

拙火瑜伽如同進入一座有著數百間寶庫的的大門。所有引生了悟的設備都在那裡。由於拙火瑜伽深入身之宇宙的核心，因此在生起了悟方面，它是極為敏銳的。事實上，執妄的、概念化的心靈無法理解由拙火瑜伽所帶來的了悟。拙火瑜伽是開啟所有了悟的秘密之鑰。

即使你能夠一天二十四小時、連續二十天地安住在三摩地的禪定之中，密勒日巴仍然會對你說：「那沒有什麼！它比不上我的拙火瑜伽。」這是密勒日巴和岡波巴第一次見面，在岡波巴描述了他的禪修覺受之後，密勒日巴對岡波巴所說的話。密勒日巴之所以這麼說，必定有其道理。他不是在宣傳或誇大拙火瑜伽的力量。他沒有偏袒，他已經棄絕所有世俗的競逐。密勒日巴只是在說，一和拙火瑜伽相比較，那麼連續多天安住在甚深無擾的三摩地禪定之中都不算什麼。拙火瑜伽是無與倫比的。

就我個人而言，我喜歡拙火瑜伽。我沒有說我擁有任何證量，但是我嘗試過，而且相信如此。拙火瑜伽肯定也會取信於你。它將改變你對實相的所有見解。透過拙火瑜伽，你將對密續的道路產生信心。

這個年頭，我們真的需要密續，因為我們面臨了極為大量的

迷妄和散漫。在我們的生活之中，有許多美好的事物，但是也有許多惡劣的事物，我們需要拙火瑜伽的強大能量，把我們從自己的迷惑中擊出。事實上，沒有密續的修行法門，證悟是不可能的。

在初始階段，你的拙火瑜伽可能沒有成就。你甚至可能會有負面的反應，例如一陣爆熱使你汗流浹背，全身濕透。然而，我相信，即使是如此不完美的結果，仍然是重大的，因為它顯示了你的心靈力量。

據說，任何人都可以從事拙火瑜伽。如果你以前從來沒有做過拙火瑜伽，那麼它看起來或許有點困難，但是事實上，它是很簡單的。「我怎麼能夠從事像這樣子的禪修？」你或許會想：「我不是一個偉大的禪修者。更何況，我造了如此多的惡業——我如何能夠修持這些高深的法門？」你不應該有這樣的想法！你永遠不知道你能夠做什麼；你永遠無法看見自己的潛能。在一個前世，你或許是一個偉大的禪修者。此時此刻，你的心靈或許是完全散漫的，但是有朝一日，你的潛能將會突然成熟，你將能夠從事禪修。

看一看密勒日巴。我不相信你們造了比密勒日巴更多的惡業；他在年輕的時候殺害過許多人。但是由於他內在的力量，他能夠發展出圓滿無瑕的出離心、圓滿無瑕的菩提心、圓滿無瑕的正見，以及圓滿無瑕的那洛六瑜伽。他向輪迴道別。

對我們而言，密勒日巴是一個良好的典範。讓我們看看這個世界：有時候，那些在輪迴中頗有成就的人、那些造了強大惡業的人，也能夠成就解脫；另一方面，那些在輪迴中無所成就的

人，也無法在解脫中有所成就。

　　我的重點是，你永遠不知道人類能夠做什麼。要勇敢！盡可能地嘗試去修持拙火瑜伽。即使你沒有達到圓滿的成就，至少你將獲得一些覺受。那就夠好了。

　　讓我們把能量迴向給所有的宇宙有情眾生，祈願他們證得密續之精髓，發現屬於他們自己的無上大樂和無二智慧的雙運。

　　迴向是重要的；它不只是一個西藏儀式。在我們的心靈之中創造一個正面能量的氛圍之後，我們下定決心把它和其他人分享。

　　如是思惟：「在此時此刻，以及在我的餘生之中，我將盡可能地享樂盡興，並且透過我給予他人我殊勝品質和大樂能量的最美好部分，於我的周圍創造順緣。願這充滿喜樂的禮物，在未來帶來無上喜悅的了悟。」

原註：

❶關於這六個因素，有另外一種說法如下：骨頭、骨髓、從父親那裡所承襲的精子、肌肉和血液，以及從母親那裡所承襲的皮膚。

譯註：

①即一般所謂的「那洛六法」。稍後將解釋在此翻譯為「那洛六瑜伽」的原因。

第二章
那洛六瑜伽與大成就者那洛巴

　　那洛六瑜伽不是那洛巴發明的。它們源自世尊佛陀的教法，最後傳至十一世紀偉大的印度瑜伽士帝洛巴，然後再把它們傳給他的弟子那洛巴。在此之後，被傳給許多西藏喇嘛，其中包括瑪爾巴和密勒日巴。在這些喇嘛之中，有些喇嘛寫下他們的覺受，做為那洛六瑜伽的論釋。

　　我將根據《俱信論》——宗喀巴大師針對那洛六瑜伽所做的論釋——來解釋拙火瑜伽的修持法門。我不打算去解釋整部論釋。相反的，我會傳授你們這個教法的精髓。即使我不是一個有成就的禪修者，但是我至少在三個場合，從我的上師們那裡領受了關於這部論釋的教授❶，而且我嘗試去修持這個法門。

　　如我所提及的，宗喀巴大師把那洛六瑜伽列為拙火瑜伽、幻身瑜伽、明光瑜伽、遷識瑜伽、入他身瑜伽，以及中陰瑜伽。宗喀巴大師在解釋這六瑜伽的時候，沒有加以增減。他說，這六瑜伽涵蓋了所有的修法內容，任何期待額外的禪修法門的人，是愚昧無知的。他這麼說是什麼意思呢？我想，宗喀巴大師的意思是，從你自己的經驗去教授不包含在這六瑜伽之內的事物是愚蠢的。就如同西藏人吹噓自己會比義大利人製作出更好的披薩。

　　有時候，那洛六瑜伽被歸類為兩個、三個、四個、甚或十個

部分。舉例來說，根據一個禪修者的心靈需求，那洛六瑜伽可以被歸類為三個部分：在今生、在中陰、以及在來生獲致證悟的修行法門。或者，它們可以被區分為兩部分：正行的圓滿次第禪修，以及協助發展圓滿次第禪修的前行。舉例來說，有一些呼吸練習不是圓滿次第修行法門正式的一部分，但是它們有助於圓滿次第禪修。

　　以前，一些喇嘛只對正行的圓滿次第禪修感興趣，而沒有去說明這些協助發展圓滿次第的方法。然而，瑪爾巴傳承的持明者❷卻解釋各種次要的、有助於成就圓滿次第瑜伽的技巧。光是針對拙火瑜伽，瑪爾巴就解釋了數百種技術性的方法。

　　一些關於那洛六瑜伽的噶舉派法本，依據瑪爾巴的傳統來做解釋，把那洛六瑜伽分為以下六個主題：拙火瑜伽、幻身瑜伽、睡夢瑜伽、明光瑜伽、中陰瑜伽，以及遷識瑜伽。其他噶舉派的喇嘛列出了八種瑜伽：也就是在六種瑜伽之外，加上生起次第瑜伽和明妃修法。密勒日巴則用不同的方法來區分六瑜伽：即生起次第瑜伽、拙火瑜伽、明妃修法、明光瑜伽、幻身瑜伽，以及睡夢瑜伽。計算這些瑜伽有許多不同的方式。

　　一些西藏典籍質疑，是否所有的那洛六瑜伽都源自那洛巴。在那洛巴的時代，似乎已經有六本不同的法本，後來由那洛巴的一些弟子加以整合。這或許是真的，也或許不是真的，但是真與否並不重要。歷史總是可爭議的。只要我們能夠品嘗這個修行法門的巧克力，誰在乎諸如此類的學術質疑？

　　宗喀巴大師所著的論釋，其藏文名稱是「依且松丹」，我把它翻譯為「俱三信」。「依且」意指「信念」，表示你擁有信心；

「松」意指「三」；「丹」意指「擁有」。換句話說，這本論釋具
有三種不同的特質。第一個特質是，宗喀巴大師對這六瑜伽所做
的描述是清晰無染、圓滿無缺的。第二個特質是，儘管這本論釋
涵蓋了許多主題，但是每一個主題的陳述都如此明顯而清晰，可
以輕易地被任何一個擁有不同智慧的人理解。第三個特質是，為
了證明他的觀點，宗喀巴大師引經據典，其中包括了釋迦牟尼佛
的密續典籍，以及許多該傳承的喇嘛之論釋。

　　宗喀巴大師在提出每一個觀點的時候，都極為謹慎地以該傳
承的喇嘛的話語為依據，例如帝洛巴、那洛巴、瑪爾巴和密勒日
巴。他引經據典來證明他的論釋和該傳承的喇嘛所做的論釋之間
有什麼樣的聯繫，並且來展現這些教法的悠久歷史。他的論釋是
清晰而科學的，針對每一個主題提出具有說服力的證據。因此，
我們可以相信宗喀巴大師所做的論釋。

　　在藏文之中，那洛六瑜伽被稱為「那洛卻竹」。「那洛」是
指「那洛巴」；「卻」意指「法」，可以指「法教」或「現象」
（或「諸法」）；「竹」意指「六」。有些人把「那洛卻竹」翻譯
成為「那洛六法」；其他人則翻譯成為「那洛六瑜伽」。我的感
覺是，雖然「六法」在字面意義上是正確的，但是它給人的印象
是，這些教法純粹是哲學的或理論的。它們並非如此。它們是非
常實際可行，可以立刻實行的事物。我認為，「那洛六瑜伽」傳
遞了正確的意義和正確的感覺。我認為，如果我們使用「那洛六
法」這個詞彙，那洛巴會不高興的。

　　我之所以說，如果我們把那洛巴的六瑜伽視為純哲學的，那

　　洛巴會不高興，是有理由的。那洛巴是一個博學的僧侶，也是古代印度佛教大學那瀾陀寺的頂尖教授。他的心靈如同一台電腦，對於經論和密續擁有廣博的知識。他以一個辯論大師著稱，並且在公開場合擊敗所有非佛教的學者。

　　儘管如此，那洛巴仍然不高興、不滿足，並且渴望達致證悟。他自忖：「有一些地方不對勁。我已經習知所有這些智識的觀點，並且絕對能夠解釋一切關於佛法的事物，但是我仍然感覺空虛和不滿。我缺少了某些東西。」

　　那洛巴的上師要他念誦嘿魯嘎的一個真言咒語「嗡惹哈哈吽吽呸」，直到他找到解決問題的方法為止。那洛巴念誦了數百萬遍的咒語。然後有一天，當他持誦咒語的時候，他感覺到地震。一個聲音從虛空中對他說話：「你還是一個小嬰孩！你還有很長一段路要走。你的知識僅僅是智識的，這是不夠的。為了獲得真正的滿足，你必須去找帝洛巴。他是你的特別上師。」

　　因此，那洛巴離開那瀾陀寺去尋找帝洛巴。在歷經了數個月的艱辛之後，那洛巴終於找到帝洛巴。當時，帝洛巴正坐在地上烹煮活魚。他的樣子看起來比較像是一個瘋子，而非一個偉大的瑜伽士！儘管如此，那洛巴成為帝洛巴的弟子。年繼一年，那洛巴懇請他的上師給予灌頂；而年繼一年，帝洛巴要求那洛巴去從事一些瘋狂的行徑，總是拒絕給予那洛巴深切渴求的灌頂。那洛巴如此奮鬥掙扎了十二年，有十二次他幾乎丟了性命。

　　有一天，當他們兩人一起在沙漠中行走的時候，帝洛巴突然決定給予那洛巴灌頂。在無法做任何其他的準備之下，那洛巴把自己的尿液和沙子混合在一起，當做一個曼達獻給他的上師。然

後「磅」的一聲！帝洛巴用他的涼鞋擊打那洛巴的頭。那洛巴進入連續七天的甚深禪定。

對我們而言，聽一聽那洛巴這個故事是好的。這年頭，我們不缺乏智識的資訊，但是我卻真的認為，我們缺乏可以使其成長的養分。我們收集如此多的資訊，但是卻幾乎沒有去運用這些資訊。這是我們在修行方面所獲得的成就是如此微薄的原因。舉例來說，我的許多資深弟子已經聽聞道次第這個教法二十次或三十次了，並且從頭到尾地通曉一切關於道次第的事物。但是，他們仍然不滿足。

這是為什麼對我們來說，那洛巴是一個良好的典範。即使他擁有非常高深廣博的智識，但是他的內心並不滿足。他離開那瀾陀寺去尋找一個密續大師，然後一路奮鬥掙扎了那些年。他持續不斷地修行，直到他達到了他的目標——證悟。

原註：

❶ 耶喜喇嘛從他的根本上師金剛持崔江仁波切（Kyabje Trijang Rinpoche）和第十四世達賴喇嘛那裡領受了關於那洛六瑜伽的論釋。

❷ 瑪爾巴只把六瑜伽之口傳教授傳給密勒日巴；但是其他兩位弟子峨頓（Ngokton）和策頓（Tsurton）則領受到本續和論著之論識的完整教法。

第三章
大成就者宗喀巴

在西方的學術界，一般人僅僅把宗喀巴大師視為一個哲學家，而不把他視為一個偉大的瑜伽士，一個偉大的密續修行者，一個大成就者。事實上，宗喀巴大師教授和撰述密續的數量超過經論，但是因為他沒有公開展現他身為一個大成就者的面向，因此在西方人的印象中，他只不過是一個知識分子❶。

一些人認為，格魯巴，也就是宗喀巴大師的追隨者，不修持無念禪修。這些人認為，西藏佛教的其他傳承是用這種方式來從事禪修，但是宗喀巴大師忽略無念禪修，僅僅教授智識的、分析式的禪修。我曾經聽西方人士說：「格魯巴總是智識化，總是在絞盡腦汁。」這不是真的。

在宗喀巴大師還是一個青少年的時候，他就已經是一個偉大的禪修者了。從那個時候開始，他不曾經歷一般的疾病；當他的健康出現小問題的時候，他會自行療癒。同樣的，如果即將發生水災或雪災，他會念誦一篇祈願文，災禍就會停息。如果你閱讀宗喀巴大師的傳記，你會了解他是一個偉大的大成就者。

在西藏拉薩，於藏曆新年之後所舉行為期兩星期的大規模祈願慶祝活動「默朗木祈願大法會」，即始於宗喀巴大師❷。在這個時候，西藏佛教所有傳承的僧眾、尼眾和在家眾，都前來行使

供養，其中包括成千上萬盞酥油燈，並且念誦祈願文。有一天，在舉行第一個慶典期間，寺廟內數千盞酥油燈化成一團巨焰。火舌很快地失去控制。人們害怕寺廟可能會毀於祝融，而跑去向宗喀巴大師求援。宗喀巴大師坐下來，進入甚深的三摩地禪定，突然之間，所有的火焰都消失無蹤，彷彿是被一陣風吹熄了一般。

宗喀巴大師能夠透過他的拙火瑜伽來達成這樣的事情。我們西藏人相信，當你能夠透過拙火瑜伽來控制自己的神經系統的四大元素時，你也能夠控制外在的元素。宗喀巴大師不需要一輛尋常的消防車；有了他內在的拙火消防車，他立即熄滅了火焰。這證明了宗喀巴大師是一個充滿力量的證悟者。在那個時候，他也在淨觀中看見八十四位大成就者在拉薩上空。

宗喀巴大師也不乏神通之力。舉例來說，他曾經駐留在一個小小的關房之中；這個關房距離日後他建議興建色拉寺的位址大約三十分鐘的腳程。突然有一天，他消失不見了，沒有人知道原因。同一天稍晚，一位來自中國的使節抵達；中國的皇帝聽聞了宗喀巴大師的名聲，希望邀請他前去中國，然而宗喀巴大師卻無處可尋。沒有人知道中國的使節會在那一天到達，但是宗喀巴大師知曉，他離開關房，藏身於山間。

這顯示了宗喀巴大師的神通之力，但它也是宗喀巴大師擁有圓滿出離心的一個良好範例。他厭離世俗歡悅的念頭。你們能夠想像我們在這種情況下會如何嗎？我們肯定會接受中國皇帝的邀約。我甚至無法抗拒一個富裕施主的邀請，更別提一個皇帝的邀約了。雖然宗喀巴大師名聞遐邇，但是他從來不入繁囂之地，寧可留在山間的僻靜處所。相反的，我們前去最令人迷惑的處所；

這顯示了我們的出離心尚未圓滿。

宗喀巴大師擁有成千上萬的弟子，遍及全西藏，並且持續不斷地收到供養，但是他沒有銀行帳戶，沒有房子，甚至沒有一片可以自給自足的土地。他將所收到的每一件事物給出去，保持清淨無染。宗喀巴大師是他所創建的甘丹寺的住持，但是他在那裡的時候，彷彿他僅僅是一個過客：他抵達寺院，接受供養，然後把供品分送出去，兩袖清風地離開。宗喀巴大師是依循佛法來過日子的良好典範。

宗喀巴大師的圓寂也顯示他是一個大成就者。自童年時期，宗喀巴大師就和文殊菩薩有特殊的因緣，並且直接從文殊菩薩那裡領受教法。在宗喀巴大師圓寂之前的兩、三年，文殊菩薩告訴他，他將不久於人世。突然之間，無數無量的佛出現了。他們懇請宗喀巴大師不要離開人世，並且給予他一個長壽灌頂，如此一來，他就能夠活得更久。之後，文殊菩薩告訴他，他的壽命已經被延長了，並且重新預示了他圓寂的日期。

在宗喀巴圓寂之前不久，他的一顆牙齒脫落，每一個人都看見那個牙齒散發出虹光。他把那顆牙齒送給他的一個心子堪竹·傑，但是此舉卻讓其他的弟子感到失望受挫；他們詢問是否可以擁有那顆牙齒的一部分。宗喀巴大師囑咐堪竹·傑把那顆牙齒裝在盒子裡面，然後放在佛龕上。在那裡，那顆牙齒繼續散放出明亮的虹光，同時每一個人都在祈請和禪修。

一個星期之後，當宗喀巴大師開啟那個盒子的時候，那顆牙齒已經轉化成為一個小小的度母像，其周圍環繞著舍利子。宗喀巴大師把那尊度母像交給堪竹·傑，把舍利子送給其他的弟子。

他也預示，在五百年之後，這些舍利子將會被帶往印度的菩提迦耶。這個預示是正確無誤的。雖然中國共產黨摧毀了宗喀巴大師的肉身舍利，但是一些舍利子卻被流亡至印度的西藏人保存起來，帶往菩提迦耶。

當宗喀巴大師最後圓寂的時候，他的圓寂是圓滿無瑕的。首先，他把每一件事物依序排放。接著，他要求一位弟子取來他的顱器。然後他從事「內供」的修法，並且啜飲了三十口的內供供品，表示他的內在是密集金剛❸本尊的一個徵兆。最後，他身穿全套的袈裟，靜坐禪修而圓寂。這些是區分一個大成就者和凡夫俗子的行為。一個有成就的大師不必去宣布：「我是一個大成就者。」他的行為證明了一切。

你們能夠想像自己能夠從容不迫、清淨無染地死去嗎？當我們死亡的時候，我們狼狽不堪，留下一個爛攤子。我們應該發心並祈願自己能夠像宗喀巴大師那樣死去，而不要像一頭牛那樣死去。這是我們的人權。我們應該祈願，我們將充滿大樂地死去，而不要在一個悲慘痛苦的狀態下鬱鬱以終。我們要下定決心：「當我們死去的時候，我要控制我的煩惱，平靜地死去，如同宗喀巴大師一般。」你們必須發心，因為發心具有力量。當你的死期降臨的時候，你將會記得你所下定的決心。另一方面，如果此時此刻你沒有強烈的發心，那麼當你的死期降臨的時候，你將會懼怕顫抖，完全失去控制。如果你事先有所準備，在死亡的時刻，你就會記得該怎麼做。

在宗喀巴大師圓寂之後，堪竹‧傑一度感到傷心難過，因為他覺得宗喀巴大師的教法正在消逝。宗喀巴大師已經從頭到尾，

從小乘、般若密多乘①到密乘，完整而透徹地解說了整個證悟的道路，並且已經有成千上萬的人修持他的教法而獲致證悟。然而，堪竹・傑心想：「宗喀巴大師的教法彷如海市蜃樓。不幸的，西藏人正在墮落沉淪。他教導我們不要執著於感官世界的欲望，然而人們卻比以往更加執著，擁有更多欲望。」

堪竹・傑感到非常的難過；他一再地哭泣。然後他祈請，並且獻上曼達。突然之間，宗喀巴大師在一個淨觀中出現在堪竹・傑的面前。他的樣貌年輕，端坐在寶座之上，周圍環繞著本尊、空行和空行母。他對堪竹・傑說：「我的孩子，你不應該哭泣。我主要傳達的訊息是去修持密續之道。這麼做，然後把教法傳授給合格的弟子。你不應該哭泣，相反的，你應該盡可能地協助從事，如此你將會令我感到非常欣喜。」

另一次，堪竹・傑碰到一些密續修行的技術性問題，但是他無法找到一個可以回答這些問題的人。再一次地，他流下眼淚。他的心碎了。當他堅定地祈請，並且獻上曼達的時候，宗喀巴大師再度於一個淨觀中示現在堪竹・傑面前，授予他許多教法和灌頂。

又一次，堪竹・傑痛哭流涕，一再祈請，於是宗喀巴大師以一個大成就者的身相出現在他面前。他全身紅色，手持一把寶劍和一只顱器，騎在一頭老虎身上。他也曾經以文殊菩薩的身相出現在堪竹・傑面前。另一次，宗喀巴大師以他慣常的身相示現，但是卻騎乘在一匹白色的大象之上。當堪竹・傑為了不同的原因而哭泣，向宗喀巴大師祈請的時候，宗喀巴大師五次出現在淨觀之中。

　　為什麼我要說這些故事？知道這些事是啟發人心的：知道宗喀巴大師是一個不折不扣的偉大瑜伽士、一個大成就者，是鼓舞人心的；知道堪竹・傑擁有如此的內在證量，僅僅呼喚宗喀巴大師，宗喀巴大師就會示現。你們應該也要了解，密續是宗喀巴大師的主要領域。即使我們墮落沉淪，我們也非常幸運有此機會聽聞宗喀巴大師所解釋的密續之道，並且嘗試去實踐它。即使我們不太通曉佛教教法，但是如果我們去修持我們真正通曉的教法，宗喀巴大師將會感到欣喜。

原註：

❶ 舉例來說，宗喀巴大師曾經和八位弟子一起在西藏的渥卡山（Wolka）圓滿了為期四年的密集金剛閉關。在閉關期間，他每天只吃一把杜松子。詳見羅勃・舒曼（Robert Thurman）所著之《宗喀巴之生平與教法》（ *Life and Teachings of TsongKhapa* ）。

❷ 宗喀巴大師的《俱信論》是應兩個兄弟之請所寫。這兩個兄弟的其中一個，米望・札巴・嘉岑（Miwang Dragpa Gyaltsen）是「默朗木祈願大法會」（Mönlam Chenmo）的主要功德主。

❸ 密集金剛（Guhyasamaja）的壇城包含了三十三位本尊。

譯註：

① 大乘分為共道的顯部，或稱「經乘」（Sutrayana）及「般若密多乘」（Paramitayana）；以及不共的密部，或稱「密續乘」（Tantrayana）、「金剛乘」（Vajrayana）及「咒乘」（Mantrayana）。

第四章
關鍵就在於修持

　　去思量諸如那洛巴和宗喀巴大師等大成就者的生平是好的，如此一來，你就知道你必須如何去修行。即使你已經學習了道次第，有些時候你仍然會不清楚你必須做些什麼。當你檢視大成就者的生活型態的時候，許多事情就變得明朗清晰。

　　我們可以從他們的傳記了解到，光有智識是不夠的——我們必須去實修。在許多故事之中，博學多聞的佛法學者必須向那些從未研習任何經論、但卻已經真正地體會他們所領受的少數教法的人尋求指引。我記得金剛持崔江仁波切，即達賴喇嘛尊者的教師，曾經在他的開示中提到，論及修行，許多知識分子必須向街上的乞丐尋求忠告。即使這些學者在智識上已經學習了所有經論和密續的教法，甚至把所學傳授給許多學生，但是論及修行，他們仍然是空虛的。

　　崔江仁波切說，這個現象發生在西藏社群之中，但是對我們而言，把仁波切的話記在心中也是好的。你能夠想像投入二十年或三十年的光陰去研習佛法，但是你的內在仍然沒有進展，甚至仍然不知道該如何開始修行？你或許認為這是不可能的，但是它可能會發生。

　　那洛六瑜伽不是什麼充滿哲理的法門。你必須去行動，如此

一來，一些內在的轉化才會發生。教法必須是實在的。以「業」為例。當我們談到「業」的時候，我們是如此的把它智識化。我們必須腳踏實地，回歸現實。「業」不是某種複雜或充滿哲理的事物。「業」是指觀察你的身體（身），觀察你的嘴巴（口），觀察你的心意（意）。盡可能地去保持身、口、意三門的清淨，即是業的修行。

在印度的達蘭薩拉，也就是達賴喇嘛尊者的駐錫地，有許多僧侶過著禁欲苦行的生活。即使他們可能不是非常的博學多聞，但是他們投入多年的時間，在山腰上的小屋內從事禪修和閉關。另一方面，有其他非常博學多聞的僧侶，不想要過著禁欲苦行的生活。那些住在山間閉關的人，真的努力去品嘗佛法的滋味，而我認為他們成功了。他們品嘗到巧克力的滋味，而那些知名的學者反而一無所獲。到了最後，你是何許人不重要；如果你想要品嘗某些事物，你必須前往品嘗那些事物的處所。

在西方社會也是如此。許多人輕易地就能夠在智識上對佛教有不可思議的理解，但那是枯燥無味的理解，不會滋養我們的心靈。舉例來說，有一些西方國家的教授已經研究佛教數年。他們在佛教研究的領域擁有高等的學位，已經出版了關於經論和密續的著作。然而，他們之中有許多人承認，他們甚至不是佛教徒；這意味他們沒有親身實踐他們所撰述的內容。他們能夠閱讀宗喀巴大師的典籍，並且用優美暢達的文字來加以翻譯，但是對他們而言，它們仍然僅僅是理論。我為之震驚。

另一方面，有一些人只聽聞了一些道次第的教法，例如負面心識的運作，但是他們開始往內檢視自己，並且從事觀修。教法

逐漸地變成他們的一部分。然而，純粹的知識分子卻認為，負面心識是在其他地方，大概是在聖母峰的峰頂。他們不在乎負面心識，因為他們認為負面心識不是屬於他們的事物。

我的許多學生有興趣去學習更多的佛法，他們詢問我是否應該學習藏文。我對他們說：「如果你們想要學習藏文，就去學。如果你們不想學藏文，就不要去學。你們可以取得大量的英語和其他語言的資訊。」我這麼回答他們有我的原因。我同情西方國家的學生，我已經觀察他們許多年。我的許多學生曾經學習藏文，但是在他們學習了藏文之後，有些人似乎較少去修持佛法。對我而言，這一點道理也沒有。藏文不是一種神聖的語言。在每一種文化之中，你學習一種語言——它是輪迴的一部分。在學習藏文的時候，你學習了一個西藏人的輪迴旅程。這是為什麼我對我的學生學習藏文不太感興趣。重點是，去品嚐巧克力。不論你得到的巧克力有多麼小一片，只要你去品嚐它，你就會感到滿足。

我記得達賴喇嘛尊者在闡釋那洛六瑜伽時所說的一些話。他描述他去參訪一些噶舉派寺院，看見許多僧侶不特別博學多聞，但是卻非常認真地閉關修行，過著禁欲苦行的生活，經歷許多艱辛。這些僧侶研習了一部論釋的一小部分之後，就立即投入大量的心力去從事觀修。達賴喇嘛尊者說，另一方面，一些格魯派的僧侶非常博學多聞，但是卻不投入太多的精力去從事修行。達賴喇嘛希望兩者之間——那些不太博學，但是卻投注大量精力去修行的僧侶，以及那些非常博學，卻極少從事修行的僧侶——達到一種平衡。我相信達賴喇嘛尊者不是在開玩笑，也不是一個宗派

主義者。噶舉派的閉關行者令他印象深刻。

　　我的重點是，一旦你清楚地理解了一個課題，你就應該把它謹記在心，並且付諸實修。如此，你就會品嘗到教法的滋味。舉例來說，一旦某個人教你如何製作披薩──如何混合番茄、馬茲瑞拉起司、草本香料等──你就足以製作披薩，並且品嘗它。然而，西方人容易感到困惑。如果某一個人過來對你說：「喔，你知道的不多！你沒辦法做披薩，因為你不知道怎麼做咖哩。」你就會認為你完全不懂得烹調。

　　當然，我不是說你不應該好好學習佛法。我的意思是，把你所學的事物謹記在心，加以融會貫通。事實上，根據偉大的薩迦班智達所說，一個沒有先領受教法就嘗試去禪修的人，如同一個沒有手臂或雙腿的人嘗試去攀爬一座陡峭的山峰。這意味著，如果你沒有先取得如何製作披薩的資訊，那麼嘗試去製作披薩將會一塌糊塗。但是不知道如何製作咖哩的人說無法製作披薩，是一派胡言。之於佛法，許多人也犯了相同的錯誤。

　　另外尚有其他錯誤的見解。舉例來說，宗喀巴大師曾經說，首先，我們應該密集而廣泛地研習，接著我們應該要了解如何去修持教法，然後我們應該日以繼夜地修行。我們或許會把宗喀巴大師的話「首先這個，第二這個，第三這個」詮釋為：在我們開始修法之前，我們必須研習三十年或四十年。如此的誤解確實存在。

　　例如，我問我的一個學生，他已經研習佛法有多久了。他回答：「十年。」然後我對他說：「十年？十年的研習不算什麼。為了能夠修行，你必須至少修習三十年或四十年，因為首先你必

須修習一段很長的時間，然後你必須加以反思，最後你必須日日
夜夜地修行。宗喀巴大師是這麼說的。」人們很容易有如此的誤
解。

了解身的三不善業、語的四不善業，以及意的三不善業，就
足以讓你學習去避免十不善業❶。我們不需要去學習所有的經論
和密續，來修持十善業。重要的是，我們把對佛教的正確了解帶
入西方世界，而非把受到文化鎖鏈束縛的佛教帶入西方世界。當
每一件事物在你自己的心中都是清淨無染的時候，沒有人可以為
你製造障礙。

當宗喀巴大師仍然是一個青少年的時候，他從事了一次文殊
菩薩的閉關。相對而言，他當時尚未有廣博的研習，但是他進入
閉關，擁有許多禪修的覺受。宗喀巴大師的修行方法結合了聽
聞、分析審視和禪修，也結合了經論和密續。

擁有一個穩定堅實的修行是重要的。有時候，已經聽聞佛法
教授許多年的弟子會說：「我感到困惑！我不知道從哪裡著手。
我已經從那麼多的喇嘛那裡領受了如此多的教法，但是我仍然不
知道誰是我真正的上師，要去做什麼樣的禪修。」即使這些學生
已經研習了許多課題，已經學習了一百種禪修的技巧，但是他們
仍然感到迷失。這表示有些地方出了問題。

西藏佛教的優點在於，自始至終，它都有一個清晰的結構。
你或許會發現，所有這些綱要是枯燥無趣的，但是西藏佛教至今
仍然生生不息，乃是因為它擁有清晰的結構。西藏佛教的四個學
派都擁有一個清晰的方法，人們應該欣賞這一點。如果從這裡走

到那裡需要十步，但是其中卻遺漏了一些資訊，那麼你就無法走完全程。但是，如果你擁有一張清晰的地圖，你就不會迷路。

由於我們正在接受一個佛教的教育，我們應該覺察什麼是我們所需要的，什麼是我們所缺乏的。就某種程度而言，你確實知道你需要的是什麼。當你飢餓的時候，你認識到這個事實，並且去搜尋食物。當你口渴的時候，你知道去喝一點東西將會解決你的問題。同樣的，當你感受到任何一種不滿足的時候，你會去試著解決問題。你首先去處理大的問題，然後逐漸地去處理比較細微的問題。要實際。運用你內在的智慧，然後起而行！

試著以通情達理的方式去成長，絕對不要認為為時已晚。永遠不會太遲。即使你明天就要死去，也要讓你自己在今天保持正直坦率、清晰明澈，做一個快快樂樂的人。如果你一天一天地保持快樂，最後你將會達到證悟的最大喜樂。

記住，我們全都要為自己的生命負起責任。不要認為這個西藏僧侶將會替你帶來證悟，或者讓你變得強而有力。它不是如此。你要如此思惟：「在今生今世，我遇見了這個僧侶，我會切實地評斷他。我不會盲目地接受他所說的話，而會去檢視他所說的話是對是錯，並且與其辯論。」

任何一個聲稱自己是佛教徒的人都知道，「心」是佛教的主要關注。心是輪迴和涅槃的核心。在我們的生活中，我們所擁有的每一個體驗，都是我們心的展現。由於你透過你的心理狀態來詮釋你的生活和你的世界，因此擁有正確的發心和動機是重要的。錯誤的動機和發心帶來痛苦、挫折和極端。如此思惟：「在我的餘生之中，保持觀照和快樂地成長是我的責任。每一天，我

將擴展我已經擁有的愛與仁慈。每天早晨當我醒來的時候，我將打開我的智慧眼，更加深入地看見內在宇宙的實相。我將盡可能地保持觀照。我將為自己的人生負起責任，並且透過增長愛與仁慈的方式，把我的人生奉獻給他人。我將竭盡所能地服務他人。」下定決心以此做為你的人生之道。

原註：

❶ 身的三不善業是指殺、盜、淫；語的四不善業是指兩舌、綺語、惡口、妄語；意的三不善業是指貪、瞋及邪見。這些構成了十不善業。

（第二部）

前行法

第五章
調心

　　宗喀巴大師的論著《俱信論》分為兩個主要的部分：前行法和正行。前行法本身也分為兩個部分：共的前行與不共的前行❶。

❧ 共的前行

　　大乘佛教之共的前行全都是道次第的禪修，例如觀修人身難得、出離心、皈依、慈悲、菩提心、空性等。

　　宗喀巴大師解釋，為了實行那洛六瑜伽，我們必須先修持所有這些禪修法門。然而，他後來加以補充說道，在這本論著之中，他將不會詳細說明共的前行，因為在他關於道次第的論著❷之中，已經有了大篇幅的介紹。

　　宗喀巴大師指出，所有傳承的喇嘛都建議他們的弟子在從事密續修持之前，先去修持大乘佛教共的前行法。他引用瑪爾巴、密勒日巴、岡波巴和帕摩・竹巴的話來證明這一點。即使有時候，前行法沒有被提及是那洛六瑜伽的一部分，但是這些偉大的上師在授予那洛六瑜伽的實際教授（正行）之前，總是先教授弟子大乘佛教之共的前行。若是無法如此地準備你的心，就如同把太多的行李放在一頭犛牛身上；當犛牛跌落下山，既損失了犛

牛，也失去了行李。同樣的，如密勒日巴所說，當上師沒有以正確的方式來教導的時候，上師和弟子將如同一個軛上的兩頭犛牛一般，一起跌落災難的懸崖。

從宗喀巴大師的著作之中，我們能夠清楚地了解，他不是一個宗派主義者。這部論著的眾多引言，皆源自密勒日巴和岡波巴等早期的噶舉派上師，顯示宗喀巴大師廣泛深入地研習其他的傳承。如果忠告是正確的，宗喀巴大師不在乎這個忠告是出自何人。自我中心的上師讚美自己的傳承，對於西藏佛教的其他傳承不屑一顧。然而宗喀巴大師卻對噶舉傳承展現出極大的敬重。

宗喀巴大師，格魯派的創始者，之所以有機會去論釋那洛六瑜伽，乃是出自早期噶舉派上師的仁慈。如果瑪爾巴和密勒日巴等喇嘛沒有傳授這些教法，宗喀巴大師就會對這些教法一無所知，而我們也不會有機會去修持這些教法。

宗喀巴大師強調，前行法是非常強而有力的，而且除非我們去修持前行法，否則我們的修行將不會穩固。他說，如果我們不能斬斷今生自我的把戲，我們就無法擁有穩固的佛法修持。如果我們沒有超越口頭說說的虔敬心，那麼皈依是毫無意義的。如果我們不了解「業」的道理，那麼持守戒律是一個笑話。如果我們沒有發展出離心，那麼尋求解脫是毫無用處的。如果我們沒有慈悲，那麼我們自稱是大乘佛教的修行者無異是空談。如果我們沒有強烈的意志去修持菩薩的六度波羅密，那麼我們所受的菩薩戒也是一個笑話。

這就是道次第：用不同的方式來說明事情，有時候會帶來理解。宗喀巴大師廣泛地引用阿底峽尊者和密勒日巴尊者的話，來

說明不做基本的修持（即前行法）的結果。

🔥 不共前行

　　不共前行或密續的前行法也分為兩個部分：一般的（共的）前行法和特殊的（不共的）密續前行法，或稱為「儂卓」。一般的前行法是領受一個灌頂（參見本書第六章），以及持守菩薩戒和密續誓戒，或稱三昧耶。在格魯傳承之中，有九種特殊的密續前行法，但是宗喀巴大師只提及三種❸——獻曼達、金剛薩埵和上師相應（或稱上師瑜伽）——並且只詳細討論金剛薩埵和上師相應法（參見第七章和第八章），因為這兩者強調那洛六瑜伽傳承上師之教法。宗喀巴大師也指出，一旦我們建立了前行法的基礎，我們需要去觀修生起次第瑜伽，以具備修持那洛六瑜伽圓滿次第的資格（參見第九章和第十章）。

　　在《俱信論》之中，宗喀巴大師大量著墨於密續前行法。每一種密續前行法，我們應該從事十萬次，但是在今天，我不認為這還是一樣被遵循。我認為，在宗喀巴大師的時代，他的追隨者按照他所建議的來從事前行法。然而，我的假設是，後來有一些格魯巴認為：「這些修持數十萬遍的獻曼達、水供、大禮拜、上師相應和金剛薩埵百字明咒的前行法，是針對那些不聰明的人而言。他們需要這種準備工作，但是像我這樣的聰明人不需要。」

　　你也可能變得如此驕慢，異想天開且傲慢地說要成為一個偉大的禪修者，並且說沒有頭腦的人才需要做大禮拜。這種見解是完全錯誤的。

　　此外，你也不應該認為，密集地從事這些前行法只是一個噶

舉派或寧瑪派的傳統，格魯巴不需要去做。這是一個錯誤的印象。所有西藏佛教的傳統都說，你必須從事七支供養修法❹，因此你如何能夠不做大禮拜？

一些格魯派的法本指出，最重要的前行法是去觀修「三道」——出離心、菩提心和空性——其他的前行法則是次要的。你或許會把這個詮釋為，你不需要去做大禮拜等整套的前行法，但是這種想法是一個錯誤。

宗喀巴大師是一個證悟者，但是他仍然做大禮拜。事實上，他做了那麼那麼多次的大禮拜，而在一片堅硬的岩石上留下他的身印。宗喀巴大師在西藏的隱居處，於岩石上所留下的身體印記，至今仍然清晰可見。在從事大禮拜的時候，宗喀巴大師有了「懺罪三十五佛」的淨觀。這顯示了這些前行法的力量有多麼的強大。

每天去修持這些密續前行法是好的，但是每天做一點點是不夠的。為了體驗它們的力量，有時候如同宗喀巴大師一般進入閉關，密集地從事這些修持是必要的。它是一個甚深的、不同的覺受。

現在，讓我們迴向：「願我及所有如母眾生都生起圓滿無瑕的出離心、圓滿無瑕的菩提心，以及圓滿無瑕的智慧空性，因而具備修持拙火瑜伽的資格，並且如同那洛巴和宗喀巴大師一般，獲得大成就者的證量。」

原註：

❶ 參見本書【附錄一】《俱信論》綱要。

❷ 宗喀巴大師撰寫了三本關於道次第的論著：長軌、中軌和簡軌。長軌是《菩提道次第廣論》（ *The Great Exposition of the Stages of the Path to Enlightenment* ）；中軌是《菩提道次第中論》（ *The Middling Exposition of the Stages of the Path to Enlightenment* ）；簡軌是《菩提道次第略攝頌》（ *Songs of Experience of the Stages of the Path to Enlightenment* ）。

❸ 其餘六種密續前行法分別是皈依、大禮拜、水供、擦擦、金剛空行火供、三昧耶淨戒金剛修法。

❹ 七支供養修法：包括禮敬諸佛、廣修供養、發露懺悔、隨喜功德、請轉法輪、請佛住世，以及普皆回向。

第六章
領受灌頂

　　如我先前所提及的，領受密續灌頂是一般的不共前行的首要之務。為了修持那洛六瑜伽，我們需要領受無上瑜伽密續一個大灌頂的四個完整灌頂——寶瓶灌頂、秘密灌頂、智慧灌頂和文字灌頂。僅僅領受一個修行法門的口傳是不夠的。由於那洛六瑜伽和勝樂嘿魯嘎、喜金剛有密切的連結，因此它們是可以去領受的最佳灌頂。

　　宗喀巴大師提及，在給予岡波巴關於「那洛六瑜伽」的灌頂之前，密勒日巴問岡波巴：「你領受過灌頂了嗎？」當岡波巴回答他已經領受過灌頂之後，密勒日巴授予他關於那洛六瑜伽的論釋。在《俱信論》之中，宗喀巴大師也從一部古代的密續典籍《金剛鬘續》來引用其中的字句。《金剛鬘續》指出，灌頂是必要的，灌頂是證悟的根本，而且在沒有接受灌頂的情況下領受密續教法，會使上師和弟子皆墮入下三道。宗喀巴大師藉由引證所有偉大的傳承上師都建議弟子先去領受灌頂，證明灌頂是修持那洛六瑜伽的一個必要前行。

　　什麼是灌頂？它是禪定之覺受的開端，也是深入所有現象之實相本質的起始。灌頂帶領我們進入一個本尊的壇城，以及進入那個本尊一切的證悟覺受。它是對治心的解藥，對治那個不滿足

的、輪迴的、迷幻的、二元分立的心。在灌頂期間，我們應該完全放下我們的成見、我們是誰的既有想法，以及我們侷限之自我形象的僵固概念。相反的，我們需要去把那個本尊的智慧心視為自身之圓滿本性；這個智慧心即是我們自己的圓滿潛能。

密續教法非常強調大樂，視其為灌頂覺受的基礎。當然，如果在你的日常生活之中沒有大樂的覺受，那麼將很難在禪修之中體驗大樂——但是就某種程度而言，我們都體驗了幸福與安樂。密續教法教導我們如何去處理和擴展天生肉體的和心理的歡悅資源，並且如何去把大樂和了悟空性的智慧合而為一，進而獲致解脫。

灌頂不代表一個上師賦予你某種不可思議的力量。在你的內在，你已經擁有甚深智慧的品質和大樂；灌頂只是讓它們活躍起來。

你所領受的灌頂的品質不取決於上師，而是取決於你。給予灌頂的喇嘛必須已經領受了灌頂的傳承，並且已經完成了基本的閉關，但重點仍在於弟子本身的態度。如果你的動機與發心是誠心誠意地想要轉化自己，如此一來你將能夠利益他人，那麼你應該領受灌頂。

重要的是，要擁有一個奉獻的態度。事實上，根據佛教的心理學，除非你把自己奉獻給他人，否則你將永遠不會感到滿足。相反的，你將會感到無聊乏味，孤獨寂寞。把自己奉獻給他人，會為你帶來你所渴望的滿足，是符合邏輯的。為了你的自我獲得某種力量而去領受灌頂，是不好的；但是為了把自己奉獻給他人而去領受灌頂，因而使你自己獲得某些事物，是完全合宜的。

你應該觀想，你不是從一個凡夫俗子那裡領受灌頂，而是從壇城的本尊那裡領受灌頂。舉例來說，在領受勝樂嘿魯嘎灌頂期間，你應該把授予灌頂的喇嘛視為上師嘿魯嘎，全身是藍色，散放出無量的光芒。

即使可能有一百個人參加灌頂，但是他們都不會有相同的覺受。每一個人隨著自己的能力和個人發展的層次來體驗灌頂。事實上，領受灌頂取決於個人的心，而非取決於肉體的參與。如我所提及的，它取決於人們放下侷限的自我形象的能力。

灌頂是一件嚴肅的事情。那洛巴必須等待十二年，從事乖張的行徑，才從帝洛巴那裡領受到灌頂。在古代，灌頂不像現在一般常常在公開場合授予大眾。只有少數人被容許參加灌頂。而且，四種灌頂也不像現在一般，一次全部被授予。弟子們會先領受第一部分的灌頂，然後離開，並且加以消化。當他們達到修行的某一個層次的時候，他們會回來領受下一個階段的灌頂。如今，領受灌頂對我們而言容易多了。

宗喀巴大師強調，在灌頂期間，我們應該緩慢地進行：慢慢地深入、禪定和專注。在灌頂期間，如果我們的禪修似乎只在想像的層次，而不是實際的覺受，我們不應該太過擔憂。只要想像覺受在我們心識的領域播下種子，而這些種子將會慢慢地成長。正如同漢堡的故事：首先，某一個人必須去想像一個漢堡，然後逐漸地把它展現在美國文化之中。

當你了解密續灌頂的過程之後，你將會發現密續的真實意義。事實上，灌頂的過程包含了密續證悟次第的實際覺受，從初始次第到證得大成就的次第。寶瓶灌頂強調生起次第的法門、秘

密灌頂著重幻身瑜伽、智慧灌頂強調明光智慧、文字灌頂則著重
全然生起的幻身和明光的雙運。那洛六瑜伽切切實實地解釋了如
何達到文字灌頂的證量，也就是全然證悟的覺受。

　　在灌頂最後，你應該覺得你已經證悟，並且應該下定決心：
「從現在開始，我將不再生起顛倒夢想、自利我執的堅實概念；
這些都是痛苦與不幸的根源。相反的，我將把出世的智慧能量
——歡悅的根源，供養給一切有情眾生。」

　　只要我們保持觀照，不失去控制，那麼我們體驗了多少大樂
的歡悅並不重要。有了這種正確的態度，我們的歡悅將成為我們
的解脫。

第七章
清淨惡業

　　從密續的觀點來看，獲得較高的證量首先取決於清淨惡業。在你採取一些行動來減少證悟的障礙之前，努力從事禪修是沒有意義的。我認為，你們常常衝過頭了。你們抱怨：「我一直禪修，修了又修，但是我的禪修永遠都沒有進展。」之所以如此，乃是因為你尚未替證悟創造適當的條件。你需要去從事強而有力的、清淨業障的修行法門，例如金剛薩埵的修法和咒語持誦。在《俱信論》之中，金剛薩埵的修行法門是被詳細描述的密續前行法之一。

　　金剛薩埵是諸佛清淨的展現。一般來說，金剛薩埵的修行法門有助於改善你的禪修和你的生活方式。每當你在生活中遭遇了問題，或在研習、修持佛法的時候遭遇困難，密集地觀修金剛薩埵。你可以感覺到你什麼時候需要金剛薩埵的修行法門。即使你可能沒有安住於一境（或「止」），但是只要從事三個月的金剛薩埵閉關，你肯定會體驗到一些轉化。

　　印度密續典籍《心要莊嚴續》指出，每天念誦二十一遍金剛薩埵的咒語，可以確保我們天生的業障和違背密續誓戒的業障不會增長。對於證悟而言，違背密續誓戒是最嚴重的障礙，而違反其他的誓戒則顯得無足輕重。該密續典籍也指出，持誦十萬遍金

剛薩埵的咒語，可以清淨所有的業障。許多的傳承喇嘛提及，適切地從事一個金剛薩埵的閉關，甚至能夠清淨違犯所有密續根本誓戒的業障。

你應該盡可能地利用金剛薩埵的修持法門，尤其是如果你尚未從事一個完整的金剛薩埵閉關的時候，更應該如此。你可以結合金剛薩埵的清淨法門和拙火瑜伽，交替地修持；它們相輔相成。如此一來，你可以在發現拙火瑜伽力量的同時，完成持誦十萬遍的金剛薩埵的咒語。同時修持密續前行法和圓滿次第的法門，可以帶來成就。對於初學者而言，在早晨修持拙火瑜伽，在傍晚就寢之前從事十分鐘的金剛薩埵清淨法門是好的。在此之後，你將能夠帶著一個快樂的心，安適自在地入眠。如果懷著一個痛苦悲慘的心入睡，你將會徹夜造作深重的業。

世俗的、相對的心使惡業隱蔽，並且持續增長。但是如果你能夠認清，即使是負面能量的概念也只是一個幻象，並且具有無二無別的本質，那麼負面的業障將會減輕。正如同每一件其他的事物一般，正（善）與負（不善）相互依存；它們是由我們自己的心所造作出來的。

有時候，新進的佛弟子會想：「喔，不！談論那麼多的罪惡與不善業！」他們認為，上帝或佛陀創造了不善（惡），但這不是真的。我們自己的心創造了惡業。是我們自己認為我們是不善的。只要我們有意識或無意識地認為我們是不淨的，那麼自艾自憐的想法將一直出現，然後我們將會做出自艾自憐的行為。這是為什麼「清淨業障」是如此重要的原因。

清淨意指從心理的層面去解決我們的處境和我們的業。而清

淨的最佳方式是去了解惡業本身是不存在的，自我本身是不存在的（即無我）。儘管這一點很難去理解，但是我們仍然需要針對拖累我們的心理概念去採取一些行動。我堅信，即使只是念誦金剛薩埵的百字明咒一次，都能夠撼動惡業。我知道它是充滿力量的。當然，正確地持誦咒語和不正確地持誦咒語之間有極大的差別。我們常常漫不經心地念誦咒語。漫不經心地念誦十萬遍的咒語，比不上完美地持誦一次咒語。

在《俱信論》之中，宗喀巴大師巨細靡遺地描述金剛薩埵的禪修，但由於我已經在其他地方有所解釋❶，因此我不會在此詳細說明。我只會授予你們這個修行法門的精要。

觀想金剛薩埵及其明妃端坐在你的頭頂上方的蓮花月輪之上。他們的身體是由明亮的白光構成。男性本尊（金剛薩埵）和女性本尊（明妃）擁有同等的證量。

觀想清淨的過程有三個方法。在從事每一種觀想的同時，你要持誦金剛薩埵的咒語。

在第一個觀想技巧之中，白色的甘露，彷如牛奶或優酪乳，力道強勁地從金剛薩埵及其明妃的心間流下。甘露從他們的中脈，往下流到金剛薩埵及其明妃交合的、位於身體下方的脈輪（即「秘輪」），然後流過蓮花月輪。如同一條力量強大的瀑布從高處傾洩而下一般，白色的甘露力道強勁地從你頭頂進入，往下衝入你的中脈，使你完全獲得清淨。你所有粗重的負面能量，你內在的垃圾，全部以蛇、蠍子、蟲子、螞蟻或任何你認為有效的形式，從你下半身的通道流出。另外，你也可以想像惡業以雞、

豬和蛇的形式流出；雞、豬、蛇象徵心的貪、瞋、癡三毒。你所有粗重的負面能量都被清淨，並且消失於大地之中。

第二種觀想方法是，充滿大樂的甘露從金剛薩埵及其明妃處，往下傾入你的中脈，從你的足部往上充滿至你的頭頂。觀想你所有不淨的能量被甘露往上推送，從你的鼻子和嘴巴流出身體。這很像水被倒入一只骯髒的杯子之中，使得杯子裡面的污物浮到杯子上方。第二種觀想方法比第一種方法細微。

第三種觀想方法牽涉了光能量，而非液體。這種強大的、充滿大樂的光是白色的，但是帶著虹光。它立即驅散你內在的黑暗。在你的頭輪、喉輪、心輪，以及其他每一個地方的黑暗都消失無蹤。你的腦部和神經系統停止運作的部分都活躍起來，沒有任何可以讓身、語、意的染污存在的空間。你的全身變得如水晶一般清澈透明。

這三種觀想方法是配合持誦金剛薩埵咒語的主要修法。由於它們會帶來成果，所以你應該加以修持。

現在讓我們來迴向：「願我們毫無障礙地成就拙火。願我們都在今生證悟。」

原註：

❶ 細節請參見耶喜喇嘛的著作《清淨的密續之道》（*The Tantric Path of Purification*），波士頓，智慧出版社，一九九五年。這是一本關於嘿魯嘎金剛薩埵的論釋。

第八章
上師之啟發

　　上師相應法（或稱「上師瑜伽」）是宗喀巴大師在《俱信論》中，巨細靡遺地描述的另一個密續前行法。修持上師相應法，即是去領受啟發和加持。對於西方人而言，它似乎是最難修持的法門，但是如果你試著用一種理性的方式去了解它，它真的相當簡單。

　　釋迦牟尼佛在兩千五百年前傳授了密續及其他教法，但是對你而言，這些教法是真實的嗎？釋迦牟尼佛教導四聖諦，但是對你而言，它們足以成為真理嗎？釋迦牟尼佛、那洛巴、瑪爾巴、密勒日巴和宗喀巴大師已經教授了那洛六瑜伽的精髓，但是沒有一個人把它們傳授給你，它們對你而言會是真實的嗎？你或許擁有一些說明如何修持那洛六瑜伽的書籍，但是如此依樣畫葫蘆的結果是令人質疑的。密續是高度而內在技巧化的，因此一個導師是不可或缺的。某一個人必須教導你這些修持法門，如此一來，它們才會成為一個完整而徹底的覺受。

　　如果你想要買一台勞斯萊斯，但是銷售員卻給你所有的汽車零件，以及一本如何組裝這些零件的手冊，你會驚慌失措：「這是什麼？我的車子在哪裡？」你需要一個人教導你如何把這些零件組合起來。同樣的，我們需要一個人教導我們如何把每一件事

物在我們的心中組合起來。

當我們的上師教導我們四聖諦的時候，他給予我們啟發和加持。他使四聖諦變得真實，如此一來，四聖諦成為我們自己的了悟。我們了悟四聖諦的智慧，即是上師的啟發與加持。當某一個人教導你四聖諦，然後你了解四聖諦，進而促使你遵循那條道路。這是簡單而符合邏輯的。不是上師說：「我已經教導你四聖諦；你必須相信它們。」

就這方面而言，我認為，西方學生和老師之間的關係勝於東方學生和老師之間的關係；之所以如此，乃是因為前者沒有牽涉正式的風俗習慣。西方人質疑每一件事情，而我認為這是一個非常誠實的態度。如果你認為某一件事情不合理，你會非常開放坦白地表達。如果你認為某一件事情合情合理，你會說：「是的，這是有幫助的。我會去使用它。」沒有風俗習慣迫使你用某一種方式來回答或舉措。如果你喜歡或不喜歡某一件事物，你就會直說。對東方弟子而言，這一點很難做到，因為他們覺得有一種社會義務要自己以某種方式來表現。我覺得西方社會的方式比較實際。

由於文化的差異，西藏人不了解西方弟子的虔敬心，西方人也不了解西藏弟子的虔敬心。不同的文化有截然不同的觀念。

舉個例子。當我的弟子克勞帝歐擔任我的侍者時，他會隨意地問我：「喇嘛，你要不要喝一點茶或咖啡？」西藏人會為克勞帝歐的行為感到震驚。在西藏文化之中，一個弟子用如此不正式的態度親近他的上師，是不被接受的。親近上師的態度必須非常恭敬。但是這有什麼大不了？只不過是一杯咖啡罷了！不論弟子

是根據西藏或西方的風俗習慣來行為舉措,都不會讓那杯咖啡更加美味。它只不過是一個文化差異罷了。西藏人會說:「瞧瞧那個義大利弟子親近上師的方式!西方人沒有謙遜或虔敬心。」然而,這種批評不是真實有理的。僅僅因為克勞帝歐按照他的文化來做,而說他是不恭敬的,是不合邏輯的。

許多年前,當我開始教導西方人的時候,大多數的西藏友人都為之震驚。「你怎麼能夠教導西方人?」他們問:「他們怎麼能夠理解佛法?你是在嘗試做一些不可能的事情。」他們對我提出許多反對的意見。

事實上,教導西方人比教導西藏人更加困難。如果西藏人問我,持誦金剛薩埵的咒語是否能夠清淨他們所有的惡業,我只要引用釋迦牟尼佛或宗喀巴大師所說的話,就可以回答他們了。我不必去想太多要如何回答。我只要引經據典,他們就會心滿意足。如果你引用得當,西藏人就會乖乖地不說話。另一方面,一個西方人會追問:「宗喀巴大師說了什麼?他為什麼那麼說?他怎麼可以那麼說?它有效嗎?」這是好的;但是因為文化的差異,西藏人會認為西方人對佛法所知極為有限。

幾年前,我曾經邀請一位博學多聞的西藏喇嘛到我位於英格蘭的佛法中心。這個喇嘛對我說:「你或許不需要一個如此夠格的老師來教導西方人。一個馬馬虎虎的老師可能就綽綽有餘了。」他相當認真地告訴我這些話。我什麼也沒說。由於他已經接受了我的邀請,因此沒有必要與其爭論。他必須自己去發現答案。

六個月之後,當我前往英格蘭傳法的時候,我再次與那位喇

嘛相見。我沒有提及我們之間上一次的對話。但是有一天,他對我說:「我那時候在印度對你所說的話是一個錯誤。我認為教導西方人是非常困難的。」這是一個經驗談!

為了觀修上師相應法,你要觀想你的上師以無別於金剛持的身相,化現在你面前的虛空之中。上師金剛持端坐在一個由八頭雪獅撐托的蓮花日輪寶座之上。他全身是明亮的藍色,手持金剛杵和鈴,與同樣是藍色的佛母雙運。看著他們在虛空中散放藍色的光身,你心中生起了大樂和無二無別的智慧。藍光和虛空自然而然地提醒我們無二無別。

在上師金剛持及其佛母的頂輪上,有一個月輪,其上是一個白色的種子字「嗡」;在他們的喉輪上,有一個蓮花座,其上是一個紅色的種子字「阿」;在他們的心輪上,有一個有著藍色種子字「吽」的日輪。

如道次第的教法所解釋的一般,思量上師金剛持的大悲,以及他對你的關愛。雖然上師金剛持不是你的父親或母親,不是你的丈夫或妻子,不是你的男朋友或女朋友,他仍然極為關心你的福祉,彷彿他只為你存在一般。

把上師金剛持視為你的根本上師,帶來一種親密感,一種個人的慈愛感。觀想上師以上師金剛持的身相化現,迅速地帶來啟發與了悟。

光從上師金剛持心間的種子字「吽」射向十方。我們可以觀想在每一道光芒上面,有一個那洛六瑜伽的傳承喇嘛,例如帝洛巴、那洛巴、瑪爾巴、密勒日巴、岡波巴、帕摩‧竹巴、布敦或

宗喀巴大師。這些大師修持拙火瑜伽，並且獲致了悟，圓滿證得幻身與明光智慧。

當我觀想這些傳承上師的時候，我喜歡觀想他們是以大成就者的身相顯現。大成就者擁有充滿大樂之昆達里尼能量的金剛身。他們對於外境沒有欲望，因為他們已經證得圓滿無瑕的三摩地和自生的智慧。如此觀想這些傳承上師，能夠激勵並且提振我們。僅僅觀想他們以大成就者的身相顯現，會驅使充滿大樂的昆達里尼流入中脈。宗喀巴大師其實沒有教導我們用這個方式來觀想這些傳承上師，但是這個方法並沒有和宗喀巴大師的忠告互相牴觸。我們不應該認為，我們不能夠做某件事情，僅僅因為宗喀巴大師沒有提及。

一般對於宗喀巴大師身為一個佛教僧侶的描述，都著重於他的清淨。然而，在兜率天淨土，他擁有一個不一樣的名號，以及不一樣的化現❶。此外，我先前提及堪竹・傑在五次淨觀見到宗喀巴大師。在其中一次淨觀之中，宗喀巴大師化現為一個大成就者，騎乘在一頭老虎之上。我喜歡觀想宗喀巴大師以這種身相顯現。

如我先前所提及的，那洛巴原本是那瀾陀寺的一名僧侶。他是一個聰明絕頂的教授，在辯論之中所向無敵。後來，他不滿於這個角色，以及僅僅擁有智識方面的知識，因而前去尋找帝洛巴。在那洛巴成為帝洛巴的弟子之後，帝洛巴要他放棄大班智達的衣著。因此，那洛巴脫下受人敬重的僧袍，穿上大成就者的衣著，並且飾以一張虎皮。如此，那瀾陀寺的教授搖身一變成為一個外表狂野的嘻皮。

即使格魯派的傳統強調比丘的清淨戒律，但是有時候，當受了具足戒的喇嘛給予灌頂的時候，他們會脫下一般的僧袍，穿上大成就者的服飾。當我從我的一個上師那裡領受嘿魯嘎灌頂的時候，他就是如此穿著。傑·帕彭卡仁波切和崔江仁波切都有身著大成就者服飾的照片。觀想所有的傳承上師以大成就者的身相顯現，其瓦解我們凡俗概念的力量是非常強大的。一種不同的化現，啟發一種不同的觀點。

對我們而言亦是如此。如果我們想要從事密續的修行，我們應該追隨那洛巴的典範，放棄我們對於外表和名聲、我們的外貌，以及別人對我們的看法的掛慮。或許我們應該脫下我們的衣服，坐在一張虎皮上面，如同一個印度薩圖一般在身上塗灰。數年前，當克勞帝歐和我的另一名義大利籍的弟子皮耶洛第一次來看我的時候，他們穿著大成就者的服飾。當他們前來參加開示的時候，他們甚至帶來一張動物皮坐在上面。

根據我們的需求，不同的面向賦予我們不同的能量。對我而言，密勒日巴是一個良好的範例。當我還是一個研習哲學的年輕僧侶，我常常閱讀密勒日巴的傳記。閱讀他的傳記令我印象深刻，遣除了所有的困境。齋戒中的佛陀是另一個鼓舞我、啟發我的形象。有時候，去看一看釋迦牟尼佛這種禁欲苦行的面向是有益處的。這讓我們去思考：「他是一個像我一樣的人類。他怎麼能夠做這些事情？」

因此，上師金剛持在你面前的虛空之中。光芒從他的心間射向十方；在那裡，所有傳承上師以大成就者的身相坐著注視著

你。

　　這個時候，你可以持誦七支供養祈願文，配合獻曼達，以及外供、內供、密供和真如供養等供養❷。供養沒有必要是物質的。給予物質的供養，例如金錢，是容易的。給予修行的供養則困難多了。密勒日巴曾經說：「我沒有世俗的供品供養給我的上師。我只有禪修的供養。」那是最佳的供養。在這個世界上，認真地修行、做一個誠實正直、幸福安樂的人，以及獲致證悟，是你能夠給予你的上師的最佳供養。

　　接著，把上師金剛持視為本尊、空行、空行母和護法，堅定地祈請上師金剛持讓你獲致你所需要的了悟。他們提振鼓舞你去生起所有的了悟。由於我們是在修持那洛六瑜伽，因此我們應該強烈地祈請成就拙火瑜伽，並且迅速獲得拙火瑜伽的證量；成功地觀修幻身瑜伽，迅速獲得幻身瑜伽的證量；以及成功地觀修明光瑜伽，迅速獲得明光瑜伽的證量。或者如果你感到焦慮、不滿，以及急需充滿大樂的昆達里尼能量，那麼祈願你的整個神經系統沉浸在充滿大樂的能量之中，並且證得常住的大樂。

　　在如此強烈地祈請之後，觀想所有的傳承喇嘛融入上師金剛持之中。白色、紅色、然後藍色的光芒分別從上師金剛持頂嚴的嗡字、喉輪的阿字，以及心間的吽字散放出來。明亮的白光進入你的頭輪；明亮的紅光進入你的喉輪；明亮的藍光進入你的心輪。你的三個主要的脈輪充滿了大樂的、明亮的光，因而充滿了能量。想像你所有身、語、意的惡業都被清淨了，並且領受了寶瓶、智慧和秘密的灌頂。大量的光再次從上師的頂嚴、喉輪和心間放射出來，但是這一次，三種顏色的光芒是在同時散放出來。

感覺所有身、語、意的惡業銘印（或種子）都在同一時間被清淨了，並且你領受了第四個灌頂——文字灌頂。

最後，觀想上師來到你的頭頂，並且收攝於你，來做為上師相應法的結行。即使在你的生活中出現了眾多助緣，但是它們都出自同一個根源：此一根源即是上師金剛持；他是上師，是本尊，是空行和空行母，是護法。上師金剛持降至你的中脈，進入你的心輪。你的身體與上師金剛持的身體合而為一；你的語言與上師金剛持的語言合而為一；你的心意與上師金剛持超凡的、充滿大樂的智慧——即法身的覺受——合而為一。你體驗了圓滿的證悟。

圓滿證悟的力量——不論我們稱它為上帝的力量或佛陀的力量——不是在「上面的」或「外面的」某一個地方。這個力量存在於我們每一個人的內在。大悲存在於你的內在；智慧存在於你的內在；上帝和佛陀存在於你的內在。如果你有你在下面這裡、上師金剛持在上面某一個地方的二元分立的概念，那麼你將永遠無法理解與上師金剛持合而為一的道理。上師相應法是甚深的；它無法形述於文字。

❦

只有隨著你自己的修行層次，才能夠了解上師金剛持的功德。你不能勉強，你無法把它智識化。當你了解到其中有許多不同的層次，上師相應法的修持會變得相當合情合理。

在佛教之中，我們說你可以看見你自己的層次，或推測稍微高於這個層次的事物。例如，當你達到高深層次的證量，也就是資糧道的時候，你或許能夠稍微了解下一個次第，也就是前行

道。當你達到前行道的時候，你將能夠對見道有一些概念，因為你已經有了一點空性的覺受；以此類推，一路到達證悟❸。

舉例來說，想一想宗喀巴大師上師相應法的外法、內法和密法。首先，你和宗喀巴大師的外在知識層次來進行溝通。接著，你比較深入地和內在的層次溝通。然後，當你更加深入的時候，你是和秘密的層次來進行溝通。上師金剛持亦是如此。

你不應該覺得你和上師金剛持之間是有分別的。你不應該認為：「上師如此崇高，我如此低微。」相反的，你必須和上師金剛持合而為一，把上師金剛持收攝於你。你認清你自己的心意是上師金剛持的法身覺受。這種充滿大樂智慧的心識，即是究竟的上師。為了去體驗它，你需要去修持上師相應法。

法身在本質上是沒有迷妄、沒有概念的，但是我們的心卻充滿了概念。然而，僅僅是想像法身的覺受，就能夠帶來啟發，並且淺嘗到其中的滋味，正如同想像一片起司蛋糕一般。僅僅是想像法身，就能夠激起法身的覺受，自然而然地停止迷妄的思惟。上師相應法的主要概念是，把我們的心和上師金剛持的智慧澄明合而為一；而上師金剛持的澄明智慧是離於迷妄的。

我們也必須學習在每一個時刻都憶念上師。即使在我們最自我中心、最痛苦悲慘、最不滿足的心顯現的時候，我們都不應該擴張這個自我中心的心。相反的，我們必須認清它的法身本質，它如上師一般圓滿證悟的本質。這種直接而自然的能量被融入合一的大智慧之中：「你是上師，你是本尊，你是空行和空行母，你是護法。」此即密續的教法。

這和基督教相類似。基督教把上帝視為圓滿全知的化現。佛

教密續描述了許多本尊、空行、空行母和護法，但是事實上，他們全都是圓滿實相的化現。當我們在證悟道上發展的時候，我們都變成了本尊、空行、空行母和護法。為了證得這種合一，我們修持上師相應法。

原註：

❶ 在兜率天淨土，宗喀巴大師化現為天神蔣佩・寧波（Jampel Nyingpo，意指「智慧心要」）。

❷ 獻曼達（mandala offering）是把整個宇宙獻給上師本尊的一種供養。外供（external offering）牽涉了物質的、實際的或觀想的供養，上師本尊是其供養的對象。內供（internal offering）是指把加持物觀想成為超凡的智慧甘露的供養。密供（secret offering）是指以上師本尊的明妃為供養對象的供養。真如供養（suchness offering）是指把空性的了悟當做供品。

❸ 通往成佛的最後兩道是修道（path of meditation）和無學道（path of no more learning）。參見「辭彙表」。

超越表象

第九章
轉化死亡、中陰與投生

❦ 為什麼首先修持生起次第瑜伽是必要的

在討論了前行法之後，宗喀巴大師解釋，以這些前行法為基礎的正行始於觀修生起次第瑜伽。無上瑜伽密續分為兩個次第：生起次第和圓滿次第。

在生起次第瑜伽之中，我們學習去把自己視為一個佛、一個本尊、一個完全的證悟者（參見本書第十章）。在密集的禪修之中，我們清晰而栩栩如生地觀想自己是一個本尊，並且生起身為一個本尊的佛慢。然而，為了這麼做，我們必須先清淨我們對於死亡、中陰和投生的凡俗體驗。此即生起次第的精髓，要透過觀修法身、樂身和化身三種清淨的覺受來達成。死亡的體驗被轉化成為法身；中陰的體驗被轉化成為樂身；投生的體驗被轉化成為化身。

清淨死亡、中陰和投生體驗的生起次第法門，僅僅止於想像的層次，而不是發生在實際體驗的層次。當我們思惟「現在是死亡經驗的時刻。四大元素正在分解消融。」的時候，我們只不過是在想像死亡的過程。然而，當我們修持圓滿次第瑜伽的時候，透過禪定的力量，我們實際體驗了死亡時四大元素、概念心消融

的過程。

　　這時候可能會出現疑問。如果生起次第的法門僅止於想像的層次，那麼我們為什麼需要去修持生起次第的法門？宗喀巴大師清楚而完整地解釋，在從事圓滿次第的修持之前，為什麼先修持生起次第是必要的。一些西藏喇嘛曾經說，在生起次第的修行法門之中，想像自己真的是一個本尊，是沒有必要的，此舉甚至可能會成為達到圓滿次第的障礙。宗喀巴大師在《俱信論》中指出，在西藏存在著這樣的錯誤見解：只有在獲致世俗的了悟的時候，觀修生起次第瑜伽才是必要的，因此對於達到無上的了悟而言，修持生起次第瑜伽是沒有必要的。

　　宗喀巴大師解釋，所有源自瑪爾巴❶的傳承都指出，帶領弟子通過生起次第瑜伽是第一個步驟。為了證明這一點，宗喀巴大師引用了密勒日巴的一段話：「首先，你必須完成生起次第瑜伽，以斬斷死亡、中陰和投生之圍見。」許多其他過去的偉大喇嘛也同意，生起次第瑜伽和圓滿次第瑜伽都必須加以實修。

　　宗喀巴大師也發表了他自己的意見。他指出，生起次第瑜伽是成就圓滿次第瑜伽的適當基礎，如同前行法之於圓滿次第的修行法門一般，修行者應該擁有穩固的定力來觀修自己是一個本尊。

　　此外，一般而言，生起次第瑜伽的修持應該擁有三種特質：一切有情眾生都應該被視為本尊；每一個覺受都應該無別於無二的智慧；每一個覺受都應該具有大樂的本質。

　　不論在粗重的層面或細微的層面，生起次第瑜伽的成就是一種高深的證量。以粗重層面的成就而言，你能夠在你的腦海中建

構一個清晰的圖像：整座壇城，以及在其中的各種本尊、天宮，及其周圍的環境。以細微的成就而言，你擁有無可摧毀的三摩地，並且能夠栩栩如生地觀想整座壇城達數小時之久。

然而，即使我們尚未達到生起次第瑜伽細微層次的成就，我們仍然能夠展開圓滿次第的修行法門，例如那洛六瑜伽。你不應該覺得，修持拙火瑜伽是一大跳級。「我最好一輩子都觀修出離心。那比較合情合理。」不要這麼想！宗喀巴大師以及許多其他傳承的喇嘛，發展出每天修持生起次第和圓滿次第的善巧方便。宗喀巴大師的傳記解釋，他在某些座的修法期間修持生起次第瑜伽，在其他座的修法期間則修持圓滿次第瑜伽。如此的訓練有助於帶來了悟和證量。同時從事生起次第瑜伽和圓滿次第瑜伽是正確的，因為兩者相輔相成。舉例來說，有時候你可能會發現生起次第瑜伽很困難，而因為某些緣故，圓滿次第的修行法門似乎比較容易，比較熟悉，而且更加觸動你的心。當你同時修持生起次第瑜伽和圓滿次第瑜伽的時候，你品嘗到了大樂巧克力的滋味。

✿ 把「三身」帶上修道

宗喀巴大師極力強調，每當我們觀想自己是一個本尊，並且把觀想自己是一個本尊當做通往解脫道路的時候，我們必須運用以下的技巧：把死亡、中陰和投生轉化為三身（即前述的法身、樂身和化身），並且把三身帶上證悟道上。這是生起次第的必要修持法門，它能夠有效地幫助修行者通往圓滿次第。

我們如何從事生起次第的修行法門？一般而言，無論我們觀想自己是哪一個本尊，生起次第瑜伽都牽涉了一個日課儀軌。儀

軌始於皈依，以及為了利益其他眾生而證悟的發菩提心。繼此之後是如我稍早敘述的上師相應法；該法門是整個密續修道的根本。

在此之後以及在觀修三身之前，我們念誦空性咒「嗡　斯瓦巴瓦索打　沙瓦打瑪　斯瓦巴瓦索多吭」，並且觀修它甚深的涵義。基本上，這個咒語指出，所有存在的事物的本質是清淨的，所有存在的現象，包括我們在內，在本質上是無二的。它是指沒有自我存在（無我）、沒有本俱存在，或每一件存在事物的空性。這是究竟的實相。一般的實相如同一場夢境、一個魔術師的戲法、一個映像或一個海市蜃樓。當我們持誦空性咒的時候，我們可以如此思惟來消融我們的堅實概念。

我們一般的、二元分立的心持續不斷地扭曲實相。我們不是把實相加油添醋，就是低估了實相。我們似乎都沒有去尋找中道。我們把不淨投射在清淨的事物之上。「我帶著染污出生。我現在是不淨的，我將帶著染污死去，最後墮入地獄。」即使我們沒有刻意地去這麼想，但是這種想法一直存在於我們的內心。我們認為，我們基本上是不淨的。「我怎麼會是清淨的呢？」我們自艾自憐的心這麼想。我們必須根除這種想法；這種想法是我們所有身心疾病的起因。

重點是，心的基本本質是清淨的，而且彷如虛空。自我中心的心試著把某些不淨的事物投射到這個心之上，但是要把某件事物添加到本質如虛空般的事物之上是不可能的。如此不淨的投射是暫時的，如同天空中的雲朵一般。即使天空容許雲朵的來來去去，但是雲朵卻不是天空的一個永恆特質。我們的心的基本特質

和我們二元分立的心之間，存在著類似的關係。我們的心的無二本質一直都是清淨的，此時此刻是清淨的，未來也將會是清淨的。我們所謂的「不淨」，是在虛空心性之表面來來去去的自我浮雲。我們必須認清，它們是短暫的，它們是可以被移除的。它們只不過是能量罷了。它們相對的、負面的、迷惑的、虛幻的本質，不是我們基本的本質。了解這一點，斬斷了自艾自憐的自我。

從事禪修的重點，即是去發掘此一圓滿證悟之本質。當你獲得了這種無二覺受的那一刻，你就沒有可以容納粗重煩惱或多愁善感的空間。清淨而深入的覺察斬斷了相對的障礙，觸及人類存在的最深本質。在那個覺受的時刻，沒有被二元分立的心所貼的概念標籤；在那個時刻，沒有佛陀或上帝，沒有主體或客體，沒有天堂或地獄。

❦

在念誦空性咒「嗡　斯瓦巴瓦索打　沙瓦打瑪　斯瓦巴瓦索多吭」之後，你觀想在死亡時所發生的過程；這個過程是以四大元素的消融瓦解為起始。你感覺到「地元素」的消融，接著是水元素。你的感官世界的體驗逐漸地消失。火元素消融，然後是風元素。你所有的堅實概念也逐漸消融。

此時此刻，你只體驗到了心識；你的身體已經停止運作。白色的景象顯現了；你看見整個宇宙是一個充滿白光的虛空。在那裡，沒有二元分立的現象。你正在趨近宇宙無二的圓滿，趨近你的真實本質。你感覺到：「我這個心識的本然狀態正在觸及宇宙實相。」

你的心識變得更加細微，而那個白色的景象轉變成為紅色的景象。保持觀照，並且放下。去體驗空性與紅色景象之大樂的雙運本質。

現在，你體驗到黑色的景象，如同日出之前的清晨。光芒從黑暗中顯現，表示了明光覺受的初始。如同太陽從清朗的天空中升起一般，光芒越來越亮，直到整個虛空如同明晰的光芒（明光）一般。此即法身的覺受，是最細微的心識。一切存在的事物是無二的。所有二元分立的迷惑都消失無蹤。你進入了如虛空般的明光本質。你的智慧心識擁抱了宇宙虛空。

你不必去分析「無我」的本質；僅僅去體驗無我如虛空一般就足夠了。去明瞭這個虛空不是你慣常自艾自憐的自我形象。它是一個清淨無染的本然狀態，沒有錯綜複雜的自我衝突或迷惑。這是真實的覺受。安住於其中。

有時候，把空性智識化會成為發掘空性的一個障礙。一個知識分子會說：「等一等，耶喜喇嘛，你說空性如同虛空，但是這太簡單了。這不是龍樹菩薩對於空性的哲學觀點。」你可以爭論，我所說的和應成中觀派的空性觀沒有關聯，甚至和唯識派的觀點無關。你可以花一輩子的時間與我爭論，但是它會是一個毫無用處的爭論。你可以針對這一點撰寫一部巨著，但是那會完全是白白浪費時間。

當我們研究哲學的時候，我們必須精確地明瞭每一個論點，但是當我們修行的時候，我們必須起身而行。我們必須開始去體驗空性，而虛空是被所有的西藏喇嘛用來代表「無二」的最佳例子。重點是，我們試著去擁有一個超越世俗自我戲論的覺受。

　　從哲學的觀點來看，空性沒有形相、沒有顏色、沒有味道等，而我們可以透過自己對於空性的體驗來了解這一點。在體驗空性的那一刻，感官世界無法眩惑你的心。在那個時候，狹窄、二元分立的戲論消失了，允許心的本然狀態散放光亮，擁抱實相。

　　這個時候，我們要我們的心識去體驗明光，而不加以概念化；它如同太陽的光芒擁抱清晨的湛藍天空一般。這明光是偉大宇宙的無二空性。僅僅去體驗法身的全然合一。去感覺：「我是這個證悟的法身狀態，這個全然的平和與喜悅，這個合一的深刻覺察。」把所有的表象視為這個法身心識的映現。盡可能地安住在這個遍在智慧的覺受之中，安住在這個無二的狀態之中。

　　每一個密續修行法門都和存在於我們一般經驗中某種自然的事物有關。在此，明光的覺受類似死亡時刻的體驗；在那個時候，所有粗重的心識，包括感官的和概念的心識，都自然而然地停止運作。在這些心識消融之後，你體驗到了死亡明光的本然狀態。

　　在法身的細微狀態之中，你只能和其他的證悟者進行溝通。因此，為了和有情眾生進行溝通，並且利益他們，你必須從法身轉移到樂身，再從樂身轉移到化身。你要怎麼做到這一點呢？

　　一些典籍指出，在這個時候，你應該回憶在修法之初所發起的菩提心，並且如是思惟：「只要我停留在法身的覺受之中，就沒有人能夠看見我。因此，為了利益其他眾生，我必須化現為樂身。」對我而言，這聽起來有點怪異。如果在一開始，你就已經發起了菩提心，為什麼在觀修空性的時候，你又再一次地開始和

自己進行這樣的對話？為什麼帶來一些二元分立的戲論來讓自己分心？我的建議是，你應該在修法之初發起菩提心，然後輕安地完成修法即可。

從你自己的覺受，你將會知道你何時已經準備就緒，可以從法身轉移到樂身。在那個時候，觀想一個藍色的那達從無二的虛空中顯現。或者觀想一道藍光、一個蠟燭的燭焰或種子字「吽」，如果這麼做對你比較容易。你沒有必要完全按照我的說法或典籍所描述的方法來觀想。你的修行要有彈性；量身訂做一個適合你自己經驗的禪修。重點是，樂身必須和細微的中陰狀態有一點聯繫，因此你的樂身覺受也應該是細微的。

這個明點代表你的心識；它如同一朵細微的、藍色的雲一般化現在虛空之中。與這個充滿大樂的藍光合而為一。感覺這是你，是你的樂身，是你的幻身，是你的意生身，是你的虹光身。你同時體驗了無二，以及身為樂身的佛慢。觀修此一覺受。

由於只有較高層次的菩薩可以和樂身進行溝通，較低層次的眾生無法和樂身交流，因此你最後轉換為化身，如此一來，一切有情眾生都能夠和你溝通。

你從無二的虛空往下俯瞰，看見一個明亮的、微帶紅色的白光所散放出來的、充滿大樂的能量。這是一個月輪，而你的心識，也就是藍色的光芒，落在月輪的中央。這個月亮非常的明亮燦爛，其本質是充滿大樂的；它代表諸佛全然生起的、充滿大樂的男性和女性的昆達里尼能量。經典提及，這種體驗類似你死亡之後，你的心識從中陰狀態進入由你的父親的精子和你的母親的卵子所形成的明點之中。但是在此處，你把那能量視為佛父嘿魯

嘎和佛母金剛亥母，而不是你在實際的中陰狀態之中，受到父親的或母親的體液能量所吸引的感受。你落在這個不可思議的、充滿大樂的昆達里尼能量之中。接著，這個男性和女性交合的能量散放出光亮，容納所有的宇宙能量。

在月輪的中央，你的心意轉化成為嘿魯嘎明亮的、藍色的光身，同時與全身紅色的明妃（佛母）金剛亥母雙運。你的整個神經系統充滿了大樂。你體驗到了沒有概念、沒有妄想、沒有煩惱的狀態。金剛亥母代表宇宙圓滿之女性能量，嘿魯嘎代表宇宙圓滿之男性能量。他們的雙運代表了整個基本的宇宙實相合一。

你的法身本質透過樂身被轉化成為嘿魯嘎的化身身相。你的身相是一個虹光身、一個水晶身、一個意生身、一個幻身。你體驗到了大樂，以及無二的大智慧。你懷著強烈的佛慢如是思惟：「我是嘿魯嘎。我是這個大樂能量與大智慧之雙運。」

清晰而栩栩如生地觀想自己是一個本尊，並且生起身為一個本尊的佛慢，根除了自艾自憐的堅實概念。沒有可以容納這些概念的空間。去感受這個體驗，並且放下。

原註：

❶有四大傳承源自瑪爾巴：嵋派、策派、峨派和密勒日巴派。

第十章
自生本尊

　　為了成就密續的修持，把自己視為一個本尊是必要的。你需要擁有強烈的覺察，覺察你的身體是本尊的身體，你的語言是本尊的咒語，你的心意是大樂智慧。

　　把自己視為本尊，把周遭環境視為本尊的壇城，其目的在於超越世俗的表象和行為。本尊和壇城是自生大樂智慧的化現。關於你修持那洛六瑜伽時所要觀想的本尊，有不同的傳統。有一些喇嘛觀想喜金剛，一些觀想金剛瑜伽女，其他則觀想嘿魯嘎。嘿魯嘎也有不同的傳承，例如盧希巴傳承、支布巴傳承。然而，你觀想的本尊應該屬於無上瑜伽密續；舉例來說，事業密續本尊是不適合的。事實上，你可以化現為你所希望的任何本尊：金剛持、金剛薩埵、金剛瑜伽女、密集金剛、大威德金剛❶。

　　在密續之中，為什麼有這麼多不同的本尊？因為每一個本尊能夠激起不同的感受，活躍我們內在的不同特質。選擇你感覺最熟悉的本尊來做為修持的對象。許多傳承的喇嘛使用嘿魯嘎；就我個人的意見而言，嘿魯嘎是二十世紀最強而有力的本尊，因此我要講述觀想自己是嘿魯嘎的修行法門。

　　無論你選擇哪一個本尊為觀想對象，宗喀巴大師建議，在修持圓滿次第的時候，你觀想自己是一面二臂的佛父佛母雙運，而

不要去觀想整個壇城。即使就一般而言，在修持生起次第期間，你應該觀想繁複的本尊身相，但是如果你發現繁複的觀想細節令你分心，那麼只要觀想一面二臂的簡略本尊身相即可。在一開始，如此觀想就足夠了。

你已經從樂身生起為嘿魯嘎的化身身相，有著一個散發明亮藍光的身體。你站立著，有著四面十二臂，與有著散發明亮的紅色光身的佛母金剛亥母雙運。你必須清晰而栩栩如生地觀想自己是本尊，並且盡可能精確地觀想每一個細節。

當你開始修法的時候，把你的注意力集中在本尊身相的頂部，然後慢慢地往下移，一次觀想一個部分。然後再從身相的底部往上觀想。一旦你熟悉了觀想之後，把本尊的完整形象留駐在腦海之中，保持適中的專注，不要太緊張，也不要太鬆弛。最後你的觀想將會達到完美的境界。同時，記住要引生大樂和無二。

如果你發現你很難把自己視為西藏唐卡繪畫所描繪的嘿魯嘎，也不要擔心。你的身體已經是美麗而俊俏的，因此保留其原貌，只要改變身體的顏色就可以了。事實上，把自己視為本尊，與西藏文化一點關係也沒有。你認為，當你投射出你慣常的自艾自憐形象的時候，並沒有牽涉到一個文化，但是事實上，你已經牽涉了文化。不要用這種方式來看待自己。相反的，轉化自己成為一個充滿大樂、明亮燦爛、散放藍色光芒的本尊，並且生起強烈的佛慢。

圓滿的慈悲是嘿魯嘎特殊的特質。我們都需要慈心與悲心，不是嗎？我們渴望某一個人來愛我們，照顧我們。嘿魯嘎展現了我們的基本理想，如此一來，我們能夠把自己和圓滿的慈悲合而

為一，而且事實上，成為圓滿的慈悲。當我們生起慈悲與智慧的力量的時候，我們對於某一個人是否愛我們的憂慮就消失了。

你可以看見這如何在你的日常生活中發揮作用。當你滿是自艾自憐或神經質地崩潰的時候，沒有人想要靠近你。人們在你身邊感到不自在。但是當你充滿愛與慈悲的時候，你沒有辦法讓人們不接近你。這是自然的。因為我們在尋找快樂，我們不想接近痛苦悲慘的人。

嘿魯嘎的面容是俊美的，但是略帶忿怒，充滿笑容，但是也微微蹙眉。為什麼圓滿的慈悲是以如此的方式來呈現呢？因為這是我們所需要的。當我們得到愛的時候，甚至只是一點點的愛，我們都會變得情緒化，並且失去控制。那是不好的，因為當你是那種模樣的時候，其他人沒有辦法應付你。因此我們需要持守中道。

密續教導我們需要強而有力的轉化。把我們自己和嘿魯嘎的甚深品質合而為一，並且把自己視為無量無邊、明亮燦爛的藍光，是根除自艾自憐的概念和無用的想像的強大方法。

我們主要的問題是什麼？我們主要的問題是，我們認為：「我是世界上最糟糕的人。我充滿了貪、瞋、癡。」這些概念是完全負面的，你必須清淨它們。從你出生到現在，你一直帶著這個自艾自憐的觀點。哭泣、哭泣、恐懼、恐懼、煩惱、煩惱。你執著於自己的短處，你加諸了巨大的壓力在自己身上。你把自己視為一個醜陋而無用的人來懲罰自己。其他人或許認為你是美麗的，但是你仍然把自己視為醜陋。

密續說道，在本質上，每一個人都是神聖而清淨的。這是為

什麼如此強烈地把自己視為本尊、把自己視為圓滿無瑕的是重要的。不要把你的身體視為某一個悽慘不幸的事物，相反的，你要把它轉化成為一個明亮光燦的藍光身。從外表來看，這似乎是怪異的，但是從內在來看，其中包含了深奧的意義。藍色的光象徵無二，因此在你觀想如同清澈藍空的藍光那一刻，你二元分立的、堅實的概念瓦解了；你不再相信這些概念。

這不是一個哲學觀點或盲目的信念；你可以親身體驗到它。從密續的觀點來看，我們所感知到的每一種顏色，藍色、紅色、黃色等，都和我們內在世界所發生的事情有直接的關聯。去覺察這一點是重要的。

嘿魯嘎明亮燦爛的藍光可以幫助我們觸及實相；實相是世界上最重要的事物。嘿魯嘎的壇城展現了內在的與外在的實相，而不是一個心理投射的幻想世界。我們大多數人都沒有覺察到實相；我們從未觸及實相。

西方國家的演員解釋，當他們在一部電影中扮演一個特定的角色的時候，他們必須去經歷那個人物的一些體驗，才能表達那個人物的感受，並且真實地演出。由於他本身的訓練，即使當演員不在演戲的時候，仍然深深融入他所扮演的角色。當你成為嘿魯嘎的時候，也是如此。你的心意能量必須轉化成為嘿魯嘎充滿大樂的、明亮燦爛的藍光身。

西方人士常常對觀想本尊這件事有意見。他們認為：「我為什麼要視自己為嘿魯嘎？這只是另一個綺想，另一個妄想罷了。對我而言，光是做一個男人或一個女人就已經夠困難的了。在這個世界上，我已經有足夠的困難來面對我是誰、如何去和男人的

世界或女人的世界建立聯繫等複雜的見解。現在我必須改變我的
外表，戴上另外一個面具——一個嘿魯嘎的面具。」

事實上，你不是為了要展示一個不同的化現而觀想自己是嘿
魯嘎；嘿魯嘎是你已經具足甚深品質的展現。嘿魯嘎在你的內
在。去質問你為什麼要化現為嘿魯嘎，表示你不了解本尊的品質
即是你自身存在的品質。為了要認識和了解你的甚深品質，你觀
想自己是嘿魯嘎，而非認同你的慣常感受——你是醜陋而且不被
人要的。密續認為，根除諸如此類的自我症狀是非常重要的。你
沒有必要緊緊抓著自己是無用的概念不放。你是完美無瑕的；你
只需要去認清這一點。根據密續的說法，你不必等到來生才去體
驗淨土。當下即是淨土。密續教導我們去把淨土帶入我們的日常
生活之中。我們的家是淨土，我們所見到的每一個人是神或女
神。

你不是你的臉、你的血液、你的骨骼、或你的身體的任何一
部分。你和你的生命的本質是你的心識、你的心。基本上，你的
身體是一個被一台電腦操縱的機器人；它是你的心識電腦的展
現。

從你出生的那一時到現在，你已經以許多不同的方式化現。
有時候，你是憤怒的，看起來像一個妖怪；在其他時候，你是平
和而美麗動人的。這些憤怒、忌妒、慈愛、大悲或大智慧的化現
不是來自你的血液和骨骼，而是來自你心識的力量。我們認為，
身體才是老闆。我們被身體的歡愉所束縛所迷惑，而忽略了我們
的心。結果，我們的心反而成為身體的奴隸。然而，是心把我們
放進一個痛苦悲慘的集中營，而不是我們的身體。

重點是，心是充滿力量的，可以化現為任何事物。當你可以視自己為美麗俊俏的時候，你自艾自憐的概念將會消失，你將成為自己甚深品質的化現。每一個人都可以達到這個境界。

　　事實上，我們擁有一個以上的身體。關於這一點，我們稍後將做討論（參見本書十一章）。我們除了擁有一個有形的肉體之外，我們也擁有一個更細微的意生身。我們的心識確實擁有化現為一個明亮燦爛的藍光身能力，而當我們了解這個細微的身體本質，可以學習去操縱內在神經系統的能量，以及控制我們的血肉之軀。

　　重要的是，當你觀想自己是嘿魯嘎與金剛亥母雙運的時候，去感覺你真的就是本尊、你年輕俊美、性徵豐滿，並且充滿昆達里尼。有些人認為，我們只是假裝自己是嘿魯嘎。這不是正確的。我們不是在假裝。你越強烈地把自己認為是本尊，你所達到的轉化就越多，所根除的恐懼和失控的情緒就越多。

　　我們常常說，我們不喜歡浪費時間，但是當我們花時間在自艾自憐和充滿恐懼的「我」的時候，我們就是在浪費時間。藉由做為一個清淨的本尊而生起的強烈佛慢，來踢走自艾自憐。你要擁有你是本尊的內在信念。如果你感覺你和嘿魯嘎是合一的，轉化將自然而然地發生。即使你不是處於正式的修法期間，你也會驚訝地發現你仍然是嘿魯嘎。

　　記住，所有的表象在本質上都是虛幻而無二的。所有的幻象都是空虛的。同時認清所有空虛的幻象在本質上是充滿大樂的。把你的注意力專注在這個充滿大樂的狀態上。

　　當我們領受嘿魯嘎身壇城的灌頂時，我們通常要念誦並修持長軌來做為日課。然而，當我們在密集閉關期間修持拙火瑜伽的時候，我們可以縮減儀軌的字句和祈願文。這表示，為了生起為嘿魯嘎，我們可以使用同時包含了嘿魯嘎與金剛薩埵修法的簡軌《三清淨瑜伽》。

　　我沒有自創這個捷徑。崔江仁波切—— 嘿魯嘎的真實化現—— 在給予那洛六瑜伽的教授期間曾經提及這一點。重點是，當你實修圓滿次第瑜伽的時候，由於你投注大部分的時間在密集禪修之上，因此你不需要許多字句。這是合情合理的。念誦太多的祈願文，會讓你失去修行的真正滋味。

　　出於懶惰而採取這類的捷徑是不被接受的；但是如果你正在密集地從事圓滿次第的禪修，你就沒有時間來閱讀儀軌。有時候，人們是如此地注重細節而喪失了事物的全貌。舉例來說，如果你每天必須念誦二十四個儀軌，每一個儀軌需要一小時，那麼結果會是什麼？你沒有辦法用這種方式來修持那洛六瑜伽。當你念誦儀軌的時候，你必須看著一頁頁的紙張。但是當你修持拙火的時候，你只要閉上眼睛。

　　我也認為，如果你從事所有的修法，那麼閱讀儀軌的所有字句是沒有必要的。如果你記得從頭到尾的過程，在心裡對於所有的修法擁有一個完整的概念，那麼你不需要閱讀字句。一旦你從事禪修，你還有什麼需要做的呢？文字肯定會成為一個障礙。

　　然而，即使我們使用一個快捷的方法，我們仍然需要去豐富我們的禪修。因此，儘管《三清淨瑜伽》沒有描述觀修三身的過程，你也應該把它包含在修法的過程之中。宗喀巴大師解釋，觀

修三身使得修行變得深奧。

　　觀修三身不必錯綜複雜。只要把法身、樂身、化身的最高證量的覺受帶入當下即可。不要認為：「這個修行法門對我來說太高深了。」只要去想像那個覺受，然後把它帶進當下即可。之於圓滿次第的修行法門而言，觀修三身是必要的準備工作。如果你想要製作一個美味可口的巧克力蛋糕，你必須做好準備工作。

　　我希望你們了解法教的內容，對於修法有一個清晰的概念。接著，我希望你們實際去修行。我的許多弟子已經修持生起次第瑜伽多年，但是生起次第有一點像是作夢。但是就圓滿次第瑜伽而言，你是處於一個真實的情境之中，你不再是作夢。要小心，因為如果你按錯了按鈕，你就會淪落到錯誤的位置。

　　每一個人都應該嘗試這些禪修。如果你從未嘗試，你就永遠不會有所成就。但是如果你去嘗試，你可能會讓自己大吃一驚。任何一個修持那洛六瑜伽的人，都應該要精進修持。這些禪修不是被用來記錄在紙張上面，並且加以智識化。去聽聞法教是重要的，但是在聽聞了法教之後，你必須加以觀修，有所覺受。我沒有興趣把那洛六瑜伽當做一個智識的練習。

　　我希望你們能夠受到這些法教的啟發。我們現在所做的事情是嚴肅而認真的，而我也希望你們是嚴肅而認真的。因此請你們要去實修。它非常簡單；它不複雜。密勒日巴以及許多其他像他一般的瑜伽士擁有強烈的出離心，投入了許多心力在這個修行法門之上。許多年來，他們如動物一般居住在山間的洞穴之中，以蕁麻和野草為食。記住那洛巴投入了大量的心力來追尋這些教

法，他幾乎死了十二次。另一方面，我們卻居住在如此舒適自在的情境之中。不投注絲毫心力來從事禪修是可恥的。密勒日巴是正確的極端；我們則傾向錯誤的極端。

那洛六瑜伽是非常深奧的法教，因此我們應該用一種充滿意義的方式來運用它。那洛六瑜伽是如此地有價值。我希望每一個人去品嘗一些滿足感，去擁有甚深的覺受。我希望你們真的去觸及你內心深處的某些事物，然後你肯定將會體驗到一些轉化。

在傳授法教期間，如果你們沒有任何覺受，我幾乎可以肯定你們以後也不會有任何覺受——當你們回家，你們會回到你們的老習慣。但是如果你現在努力地禪修，你將會品嘗到修行的滋味，然後你將會受到鼓舞而繼續從事禪修。

如果我們在這裡的教授是成功的，我想要一而再、再而三地傳授那洛六瑜伽，我會不得不再次教授那洛六瑜伽。當我開始教授西方人士的時候，我看見你們的反應良好。不論你們是否有能力，你們都努力去禪修。我已經看見佛法有助於西方人士：這是我為什麼對你們感興趣的原因。我擁有了如此多的精力來教導你們。我祈願能夠再次教導你們那洛六瑜伽。

原註：

❶ 宗喀巴大師提及，在那洛六瑜伽的修行法門之中，生起次第通常是以喜金剛或勝樂嘿魯嘎的壇城為基礎。

第十一章
身與心之特徵

現在我們要開始講授圓滿次第瑜伽的正行。宗喀巴大師以描述這些瑜伽的基礎——身體與心靈——做為起始。他首先解釋心的特徵，然後再說明身體的特徵，但是其他的論著則常常先從身體的特徵著手。雖然這之間沒有顯著的差異，但是西方人士會發現第二種方法比較容易。因此，我先解釋身體的本質，然後再說明心的本質。

✿ 身體的特徵

宗喀巴大師以不同於其他論著的方式來解釋身的特徵，而我們稍後將針對這一點來做說明（參見本書第十五章）。現在，我將依據其他的論著來加以說明。

我們可以說身體同時存在著三個層次。這三個層次的身體是粗重的身體、細微的身體，以及非常細微的身體。粗重的身體是以血液、骨骼、五種感覺器官等所組成。

細微的身體，即所謂的金剛身是由脈、風息和存在於脈之中的明點所構成。我們的身體之中佈滿了數千條細微的脈。我們在從事禪修時所使用的主脈是中脈——位於脊柱的前方，上下貫穿我們的身體，以及位於中脈左右兩側的兩條側脈。沿著中脈的各

個不同的位置，較小的支脈延伸出來，形成脈輪。我將在稍後的章節更加詳細地討論脈與脈輪（參見第十四章）。

　　我們所要探討的「風息」，不是指我們從外界所吸入的空氣，而是指在脈之中流通的細微風息。這些細微的風息可以使我們的身體發揮功能，並且與心的不同層次有所關聯❶。在密續中，有一句話說道：「心騎乘在風息上。」這是指我們的心識騎乘在風息上；它們總是一起通過細微的脈。在修持拙火瑜伽期間，我們運用並且學習去控制這些風息。

　　我們的金剛身也包含了細微的液體能量，也就是紅色和白色的明點。在藏文之中，我們稱這些明點為「提格」，但是我偏好使用印度語「昆達里尼」這個詞彙，因為它比較普及。密續也把明點稱為「菩提心」。事實上，在藏文中，我們說「昆達達布江森」，翻譯為「如月亮般的菩提心」。雖然在所有的脈之中，這些紅色和白色的明點總是在一起，但是女性紅色的明點支配臍輪，男性白色的明點則支配頂輪。（一些密續的修行法門把明點說成是本尊；它們說空行和空行母在整個神經系統中舞蹈。）

　　身體的第三個面向，也就是非常細微的身體，在死亡的時刻展現。在四大元素融攝之後，繼之而來的是三種景象的體驗：白色、紅色和黑色的景象。在這些景象之後，死亡的明光生起。體驗這些景象的細微心識狀態被稱之為「四空」。同時伴隨這四空而來的是細微的風息。伴隨明光心的最細微風息住於心輪的不壞明點之中。而這最細微的風息即是非常細微的身。

　　當瑜伽士或瑜伽女從明光智慧的覺受中生起的時候，這非常細微的風息化現為幻身。獲致幻身──一種極高的成就──身與

心達到全然的合一。目前，我們的身體與心靈之間沒有良好的溝通。我們的身體與心靈各自擁有相異的能量，沒有彼此合一。

了解細微的身與非常細微的身，能夠幫助我們去認識除了我們的肉體之外，尚有其他的身體。因此，當我們粗重的身體開始衰敗或失調的時候，不必過度擔憂。

密續教法也解釋了人類的發展與進化：在中陰狀態的心識如何感知到父母的男性和女性的能量，並且如何被這個能量所吸引，然後進入受精卵之中。如我先前所描述的（參見第九章），在密續禪修之中，你把男性和女性的能量觀想為略帶紅色的白色月輪，把你自己觀想為明亮的光芒，落在月輪的中央。這相應了你自己的投生。

西方人對於卵子和精子如何進入母親的子宮、以及胎兒的發展過程所做的解釋，與密續教法中所做的描述極為類似。當我在電視上看到關於這個過程的記錄片時，對於其中的相似程度感到驚奇。西藏人擁有文字的描述，卻沒有視覺的呈現；西方人把它全部放到影片。有時候，就文化而言，我不知道你們的心靈是怎麼一回事，因此我不願意告訴你們某些佛教的想法。然而，看見這部記錄片鼓舞了我。西藏人解釋，藉由風息的推動，胎兒是如何的發展；第一個輪，心輪，是如何發展；脈是如何從心輪生長出來；然後其他的脈是如何形成。對於能量是如何形成，如何運作來協調內在與外在，我們擁有詳細的說明。

此外，關於日、月、星辰和時間之間的關係，以及內在能量和外在宇宙之間的關係，《時輪密續》有非常有趣的解釋，並且

給予如何觀修這些事物的建議。關於所有這些主題，我們都有極為詳盡的資訊❷。

去學習這種科學的細節是重要的，而以下的故事說明了這一點。世親和他的兄弟無著曾經比賽，看看誰能對尚在母親子宮內的犢牛做最佳的描述。無著用神通的力量來檢視，看見犢牛的前額有一塊白色的斑點。而世親則了解犢牛是如何躺在母親的子宮之內；他了解到他的兄弟犯了一個錯誤，因為他無法整合用神通力所接收到的訊息。他說：「犢牛的前額不是白色的。尾巴的尖端是白色的。」世親了解到犢牛的尾巴一路蜷曲到前額，而無著用神通力所看見在前額的白色斑點，事實上是犢牛尾巴的尖端。當犢牛出生的時候，證明了世親的科學理解勝過無著神通的力量。

去了解金剛身的本質，以及它運作的方式是非常有用處的，因為在此之後，你可以學習去操縱金剛身不同的能量。你可以學習去處理歡悅的中心和痛苦的中心，以及去學習開啟和關閉這些中心的方式。舉例來說，如果你熟悉整個神經系統，你就能夠舒緩你所經歷的任何疼痛。為了紓解你上半身的緊繃，你可能需要去按摩下半身的某一個位置。藉由通曉身體內部的關聯，你可以紓解不適。根據密續的說法，發生在身體某個部位的疼痛，常常是緣於能量阻滯，而能量阻滯和心靈的阻滯狀態是有關聯的。如果你了解身體的基本結構，你將知道如何去釋放任何的緊繃。

你的身體是有機的，你需要去學習傾聽它的律動，直到你感覺到神經系統裡的每一個細胞都在跟你說話為止。當你對身體發展出如此敏銳的覺察之後，你彷彿能夠要你的身體依令行事。你

不再步履沉重，相反的，你的整個身體感覺輕盈，充滿大樂，彷彿你漫步在空中。這是令人感到解放的。僅僅觸碰你自己，就會產生大樂。我們擁有那種資源。你的整個身體能夠成為一個大樂的泉源，而不是一個痛苦的源頭。你達到一個境界，你的身體與心靈是如此完美地協調，你感覺身體是心靈，心靈是身體。其中有一種不可思議的合一感。

我們非常注重我們的身體。然而，我們僅僅把精力投注在外在事物之上，例如整齊清潔和外表。在那洛六瑜伽之中，我們處理的是細微的身體，也就是金剛身。透過運用各種不同的禪修技巧，我們學習去控制這個金剛身的能量，尤其是風息的能量。同時，因為心騎乘在風息上，因此我們能夠隨心所欲地來指揮我們的心。最後，我們能夠把我們的心帶向證悟。這是為什麼教育自己關於細微神經系統的本質是重要的。

❡ 心的特徵

心也有三個部分：粗重的心、細微的心，以及非常細微的心。粗重的心是由五種感官覺知所構成；這五種感官覺知是非常有限的，只能認知粗重的現象。細微的心包括六種根本煩惱、二十種隨煩惱—— 事實上，是指八十種概念心❸。就某種意義而言，這些心是細微的，難以了解它們的特徵和功能。我們難以理解它們是如何持有概念，它們如何為生活帶來各種問題。

讓我們以六種根本煩惱之一的貪欲為例。我們不是真的了解貪欲的涵義。在西方國家，欲望似乎指的是感官的滿足。然而，從佛教的觀點來看，貪欲不是一種感官的渴望，而是我們對一個

外境所構築的心理概念和心理投射，為我們帶來問題。貪欲誤解和扭曲對境；然後我們幻想，令自己發狂。

當某一個人說，他們了知貪欲涵義的時候，我總是抱持懷疑的態度。去了解貪欲不是一件容易的事情。我認為去了解貪欲是非常困難的，需要時間。如果你明瞭貪欲的本質，那麼你就真的能夠控制你的心，因為你能夠去質疑、去了解你自己對於貪欲之對境的看法。否則，你無法看見心的詭計。貪欲不斷地「我感覺，我想要」，不斷對你使把戲，讓你持續地焦躁不安，搗亂你的生活。貪欲使國家困惑：東方國家和西方國家因為貪欲而困惑；中東因為貪欲而困惑；夫妻因為貪欲而困惑；甚至上師和弟子也可能因為貪欲而困惑。

不要自大地認為你完全了解貪欲。為了真正地了解貪欲，你必須用穩固的禪修，投入大量的時間和精力去檢視它。透過禪修，你肯定可以了解貪欲；沒有禪修，你就無法了解貪欲。你可以用一年的時間去傾聽人們對貪欲所做的解釋，但是你將仍然只有智識方面的了解。為了理解貪欲，你必須進入你的內在，並且在那裡建立一個堅實穩固的理解。擁有一些模糊不清的理解是不夠的。

心的第三個面向是非常細微的心。這個心是明光心，它和住於心輪中的不壞明點內的非常細微之風息是無二無別的❹。當人們死亡的時候，都會體驗到這個非常細微的風息。

不是只有少數特殊的人才擁有細微的身體和細微的心識。我們每一個人都擁有它們。在拙火瑜伽圓滿次第的修行法門之中，我們學習去啟動身體與心靈的這些細微層面。然後，我們使用它

們來達到證悟。

原註：

❶有五種基本的風息：持命氣，其功能是引生呼吸等活動；上行氣，與說話、吞嚥有關；遍行氣，能夠使肢體活動；火住氣，負責消化等功能；下行氣，負責排泄和射精等功能。

❷詳見葛林・穆林所著之《時輪金剛法》（*The Practice of Kalachakra*），一九九一年，雪獅出版社（Snow Lion Publications）。或達賴喇嘛所著《時輪金剛密續》（*The Kalachakra Tantra：Rite of Initiation*），一九八九年，智慧出版社（Wisdom Publications）

❸在一些論著之中，粗重的心的定義是「五根識」，而八十種概念心和細微心則是指伴隨著白、紅、黑三景象的心識。

❹伴隨白、紅、黑三景象之心，乃是「細微心」，因為它們都是充滿概念的心識。

第十二章
相對與究竟的雙運

一些關於那洛六瑜伽的典籍描述了粗重的、細微的、非常細微的心的各種特徵，而我也已經簡短地加以陳述。然而，在《俱信論》之中，宗喀巴大師強調，了解心的究竟本質，即空性，是基本的重點。因此，宗喀巴大師針對這個主題做了巨細靡遺的描述。

宗喀巴大師從引用《喜金剛二品續》的字句做為起始。《喜金剛二品續》說道，沒有覺知色、聲、香、味、觸的心。宗喀巴大師把這句話詮釋為：心沒有本俱的、自我存在的特質。然而，就相對的層次而言，做為一個相互依存的現象，心確實是存在的。

宗喀巴大師說，沒有自我的存在（無我）是所有現象的最初特質，而這所有的現象包括心在內。他指出，現象不是先具有自我存在，然後透過邏輯推理才變成沒有自我存在。雖然它彷彿是如此，但其實不然。「沒有自我存在」不僅僅是某個哲學觀點而已，也是世尊佛陀對所有現象的本質所做的科學解釋。

在本質上，心是清淨而離於二元分立的。一些思想學派把不重要的現象視為沒有自我存在，把諸如「心」等重要的現象視為究竟，因此而把這些重要的現象視為具有自我存在的。然而，從

龍樹菩薩的觀點來看，沒有一個現象是例外的；所有的現象都沒有自我存在（即「法無我」）。佛陀和一個垃圾袋一樣，都缺乏同樣的自我存在。沒有諸如自我存在的或二元分立存在的佛陀這種事情。垃圾袋、佛陀和我們都是完全沒有自我存在的。

　　根據佛教的觀點，心是世界的創造者。它創造了每一件事物，包括我們的幸福快樂和我們的難題。然而，即使是創造現象的心之潛能，也沒有一個自我存在的特質。這種潛能之所以存在，乃是因為心的無二本質，乃是因為心之究竟、無我的本質與心之相對、相互依存的本質的合一。這種本質不是我們要去發明的事物；它已經在那裡了。我們只要去了悟這種本質即可。

　　在《俱信論》之中，宗喀巴大師也引用了瑪爾巴的一首道歌。在這首歌之中，瑪爾巴描述了自己如何東行至恆河附近，遇見他的上師彌哲巴。透過彌哲巴的大慈，瑪爾巴發現了基本的「無生」本質。這是指無我或空性。瑪爾巴繼續唱道：「我觀看細微心識的明光之臉，看見了三身，斬斷了所有相對的、世俗的迷惑。」

　　接著宗喀巴大師引用彌哲巴的話語。彌哲巴在《真如十頌》中說道，任何一個希望找到對實相、對空性的適切了解的人，不應該遵循說一切有部、經量部、唯識派或自續中觀派等學派的哲學教義。我們所要遵循的空性教授，是由龍樹和月稱所詳細說明的應成中觀派之空性教授。相較於他們兩人對空性所做的詮釋，所有其他的觀點似乎是二流的。

　　對於成就諸如那洛六瑜伽等圓滿次第瑜伽而言，了解龍樹菩薩的覺受尤其重要。當然，了解唯識派和自續中觀派對空性的詮

釋，也有助於成就圓滿次第瑜伽。

我們所要了解的重點是，從究竟的層次來看，心是空的或沒有自我存在的；從相對的層次來看，心是依賴因與緣而存在的。所有輪迴與涅槃的現象，包括心在內，皆如幻象、夢境或鏡中之映像般存在。

就哲理而言，即使有時候說某件事物是不存在的，因為它如同幻象、夢境或鏡中之映像，也不是正確的。「這現象不存在，因為它是一個幻象。它只是我的心理投射之一。」這種說法是不嚴謹、不確切的。事實上，相反的說法才是真實的。現象之所以存在，正是因為它如幻象一般依緣而存在。鏡中之映像也是相互依存的；它因為鏡子而存在。

同樣的，你不能說心和虛幻世界的對境是不存在的，如同兔子頭上的角是不存在的一般。即使就相對的層次而言，兔子頭上的角也是不存在的，但是心卻是存在的。宗喀巴大師說：「等一等，停下來！你們太過火了。」此處有一種危險：我們不了解相對存在與究竟存在的合一。

我們的問題在於，我們太過極端。讓我們以一張衛生紙為例子，當我們說衛生紙是存在的那一刻，我們的心中出現了衛生紙是自我存在的妄想。接著，當我們談到衛生紙的無二的時候，衛生紙似乎消失了，並且我們有衛生紙甚至無法發揮衛生紙的功用的印象。事實不是如此。在無二的虛空之中，衛生紙被製造、被購買、被使用。衛生紙是無二的。

我們認為，衛生紙是以一個堅實的、自我存在的方式來發揮功能，但是宗喀巴大師完全不同意這種想法。在衛生紙之中，它

擁有一個主觀的起源，以及一個客觀的、缺乏自我存在的特質；因此，它發揮功能。你也不能說，「缺乏自我存在」在這個虛空之中，然後你把衛生紙放進這個「缺乏自我存在」之中。「缺乏自我存在」和這張衛生紙是合一的。「無二」完全融入這張衛生紙的每一個部分之中。

當我們談到衛生紙的無二和缺乏自我存在的時候，我們不是在說衛生紙一開始是自我存在的，然後在哲學上促使它成為缺乏自我存在。我們無法用強迫的。宗喀巴大師會說，因為衛生紙以它自己獨特的方式存在，因此它具有無二的特質。

每一個事件的發生，從聚合到分離，都是源於宇宙的無二實相。每一個能量的運作也是如此——生起、互動和轉化。在能量的運作之中，沒有自我存在的動作。我的本質的一部分，是這張衛生紙的本質；你的本質的一部分，是這張衛生紙的本質。你可能不想擁有衛生紙的本質，但是從究竟的層面來看，一張衛生紙的本質和你的本質是沒有差異的。

有時候，我們為了理解空性而過度運用邏輯——「因為這個和那個原因，所以這是缺乏自我存在的。」然而，僅僅檢視一個情境，我們就能夠看見那個情境本身展現了無二。這是為什麼宗喀巴大師說，「依緣而生」乃邏輯之王：「這張衛生紙缺乏自我存在，乃是因為它是一個依緣而生的事物。」

「無二」不意味著「不存在」。就相對的層次而言，一張衛生紙之所以存在，乃是因為它發揮功能。你可以觸摸到它，用它來擦拭你的鼻子，然後把它扔掉。它來來去去。就相對而言，它是存在的，但是它不具有外表所顯現的那種堅實的存在。即使它

顯現出二元分立的存在，但是它卻不具有那種二元分立的存在。

　　去說某件事物是存在的，僅僅表示它發揮功用，就相對而言，它確實是某件事物。僅僅如此。它是暫時的，它發揮功用。但是當我們談到究竟本質的時候，我們所談論的是一個更廣的見解，更大的見解。一件事物的究竟本質是你的一部分，我的一部分，馬茲瑞拉起司的一部分，巧克力的一部分。

　　「存在」只是針對相對的心而言。即使連善與惡，也要依賴心、時間、情況、環境等因素而存在。舉例來說，或許在某一時代，把馬鈴薯當做贈禮被認為是一件好事，但是在今天，一個收到這種禮物的人會感到震驚。善與惡是相對的。但是在同時，在一件事物的虛空之內，有一個更廣大的實相。當你體驗到一個現象的圓滿和無二的時候，那種體驗就如同虛空。

　　在《俱信論》之中，宗喀巴大師引用密勒日巴尊者的話語：「遍知的世尊佛陀解釋，所有現象僅僅是為了那些擁有愚昧的心的人而存在。」「愚昧」是指什麼？密勒日巴指其為狹窄、相對的心。根據究竟的觀點，沒有所謂的佛、沒有禪修的客體，沒有禪修者；沒有道路、沒有智慧，沒有涅槃。什麼也沒有。所有這些僅僅是標籤、名稱和文字。

　　這表示沒有自我存在的輪迴或涅槃。密勒日巴尊者指出，就相對的層次而言，如果沒有受苦的有情眾生，就沒有過去、現在和未來的佛。如此，也就沒有「業」；而如果沒有因與果，那麼怎麼會有輪迴或涅槃？密勒日巴尊者指出，所有輪迴的現象和涅槃的現象僅僅是針對一般的、相對的心而存在。宗喀巴大師認為，密勒日巴尊者對於相對與究竟的詮釋是完全正確的。

宗喀巴大師用很精采的方式把事物整合在一起。在《俱信論》之中，他用一種不同凡響、深奧的方式描述了相對的心和究竟的心的特質。他指出所有宇宙現象之相對與究竟實相雙運的方式，是不可思議的。他真的希望我們了解這種雙運。宗喀巴大師雖然沒有提及這一點，但是我認為，相對與究竟雙運是佛教教法最精微的要點。如果你不聰明地運用他的解釋，那麼它對你而言將不會有太大的意義。你需要去深刻地思考，去閱讀它，並且去觀修它，然後你將會逐漸地了解它。

為什麼宗喀巴大師如此強調「無二」？為了透過拙火瑜伽來發現自生的大樂，你必須放下自我存在的概念。缺乏對於「無二」的一些理解，你可能會生起暖熱和大樂，但是你將永遠不會成就拙火。之所以如此，乃是因為你缺乏智慧，也就是所謂的正見。大多數時候，當我們體驗到大樂的時候，我們卻生起錯誤的見地（邪見）。

歡悅本身不是一件壞事；但是對我們大多數人而言，由於我們缺乏智慧，因此歡悅僅僅帶來痛苦和麻煩。密續強調，毫不猶豫地享受歡悅，消化它，把它轉化成為無二之大樂智慧。

我們需要腳踏實地。我們活在一個幻想的世界之中，沒有去觸及我們根本的本質。我們因為缺乏智慧而受苦。這是為什麼對我們而言，一個幫助我們去觸及無二之根本實相的技巧是最重要的；這也是為什麼宗喀巴大師在《俱信論》中強調這一點。透過它，我們可以體驗到恆常的自生大樂。

我們都應該在日常生活中修行來觸及實相。如果你每天禪修

一小時，那麼至少用這一小時之中的十分鐘來觀修空性，藉此觸及根本實相。我們沒有觸及實相的根本本質，因此我們總是發現自己處於我們無法應付的情緒之中。當我們活在一個虛妄的世界中的時候，唯有當我們觸及實相的根本本質，我們才會變得安穩。

在一本關於密集金剛灌頂的法本之中，宗喀巴大師解釋，在一開始，即使我們尚未對空性擁有甚深的了解，但是粗略地了解空性的本質有如虛空就足夠了。傑‧帕彭卡，嘿魯嘎的真實化現，也指出：在一開始，即使我們對空性沒有太多智識的了解，那麼相信沒有所謂的真實存在就足夠了。

宗喀巴大師用一種實在、符合我們程度的方式來談論。由於我們尚未完全了解龍樹的觀點，因此我們必須從我們自己的程度來理解。宗喀巴大師、傑‧帕彭卡及其他偉大的喇嘛都非常實際。他們用簡明的方式來教導我們，如同在教導嬰兒一般，逐漸地帶領我們走向圓滿。

現在，我們應該迴向我們正面的能量：「願一切有情眾生觸及他們的根本本質。願他們發現心之相對與究竟特質之雙運。願他們了解，當他們使用愚昧、狹窄的心的時候，所有的問題都出現了。當他們使用寬廣、無二智慧的時候，所有世俗的迷惑都消失了。」

第四部

喚醒金剛身

第十三章
哈達瑜伽

在討論了身體與心靈的基本特質之後，宗喀巴大師說明了與那洛六瑜伽一起修持的六種功法。他簡短地提及了這六種功法的第一種功法——寶瓶氣，然後在描述拙火瑜伽之前，他又用較長的篇幅來解釋寶瓶氣。我也將在稍後說明寶瓶氣（參見本書第十六章）。

現在，我將稍微談論這六種功法，然後我將說明關於脈、脈輪和種子字的禪修。在這些前行之後，我們將談論拙火瑜伽本身，最後則是四喜和自生大樂智慧的覺受。

這六種功法被稱為「六魔輪」，但是我偏愛稱呼它們為哈達瑜伽。宗喀巴大師說道，與那洛六瑜伽相關的哈達瑜伽有許多種類，但是由帕摩·竹巴所推薦的六種哈達瑜伽就已經綽綽有餘。這些功法能夠幫助我們在修持拙火瑜伽的時候，達到更好的成果。

寶瓶氣是這六種功法的第一種，而其餘的五種功法❶都是在從事寶瓶氣的時候來修持。而這些功法最好是由一個經驗豐富的老師來傳授。僅僅是閱讀一本關於這些功法的書籍之後，就來修持它們，不是一個好主意。在古代，這些修行法門是秘密的，甚

至在印度典籍之中都沒有提及這些法門。在公開場合把這些法門
授予大眾，是從來不被允許的；這些法門一次只傳授給一個人。
據說，曾經有一個人偷看那洛巴從事這些秘密的功法，結果一隻
眼睛失去了視力。

　　為了成就拙火瑜伽，我們需要清潔我們的神經系統，而這些
功法透過清除身體內的能量阻滯來達到這個目的。對於過度從事
拙火瑜伽的修行者而言，這些功法尤有助益。舉例來說，在一個
閉關期間，這些功法是在每一座修法之間的空檔修持。此外，對
於任何一個大量從事禪修，卻很少運動的人來說，這些功法也是
有用處的。

　　在西藏，一些瑜伽士和瑜伽女赤身裸體地來從事這些功法；
其他瑜伽士和瑜伽女則穿著少如泳衣般的服裝。這種服裝的褲子
是藍色的，象徵嘿魯嘎；腰間有一條紅色的腰帶，象徵拙火。你
無法穿著一般的服裝來正確地修持這些功法。

　　當你的肚子感到空空的且舒適的時候，是從事這些功法最佳
時機。每一座修法以皈依、發起菩提心、觀修金剛薩埵為起始。
然後，觀想上師金剛持及傳承上師，觀修上師相應法，並且持誦
傳承上師祈請文。

　　從空性中生起嘿魯嘎及其佛母。你的光身是明亮燦爛的，完
全是空的，如同水晶般清澈。觀想三條主要的脈和四個脈輪（參
見第十四章）。每一件事物都是清淨無染而透明的，在任何一條
脈之中，都沒有任何阻滯。然後帶著這種覺察，你從事這些功
法。

　　極為重要的是，即使在從事這些功法的時候，也要維持你自

己即是本尊的覺察。不要認為你只是一個假裝自己是一個本尊的凡夫俗子。強烈地去感受你的身體是本尊的身體，你的語言是本尊的咒語，你的心意是大樂智慧。這種做法能夠終止自艾自憐的心。不要喪失身為本尊的佛慢，也不要失去你對自己是無二的理解。這會使這些功法充滿力量。

宗喀巴大師說道，在從事所有功法的期間，你應該用強烈的定力來維持寶瓶氣。這一點是重要的。如果在從事這些功法期間，你無法持住呼吸，你會從各種方面傷了自己。如果一個人從極高處落下，例如從五層樓的建築落下，如果他們能夠正確地持住呼吸，他們將不會喪命或重傷。

在從事哈達瑜伽期間，你應該緩慢而非快速地呼吸。用一種合理的方式來修持寶瓶氣，根據你自己的能力來持住呼吸。在從事功法期間，如果你需要再一次吸氣，那麼從你的鼻孔吸氣，而不要從嘴巴吸氣。

在剛開始，這些功法或許會有些困難，因此你要慢慢來。過度從事這些功法或操之過急，只會讓你精疲力竭，耗損你的神經系統。小心謹慎並正確地從事每一個功法，如此才會感受到大樂。沒有必要為了獲得一個吐息就能夠做完五個功法的好名聲，而匆匆忙忙地把這些功法做完。這之中沒有競爭。你正在做一件有建設性、有益處的事情，因此你要從容不迫。

宗喀巴大師說道，在從事這些功法期間，身體應該要放鬆。透過這些修行法門，你的身體最後會變得像橡膠一般能屈能伸。當然，這個結果不會立即發生；但是如果你每天都從事這些功法，肯定會體驗到其中的利益。記住在做哈達瑜伽的最後一個功

法的時候，要好好地搖動你的身體，因為此舉有助於使血液循環
更加順暢，氣脈運作良好。

❦

有些人錯誤地認為，去從事禪修並且好好照料心靈是最重要
的，身體則不是非常重要。然而在密續之中，身體和心靈一樣重
要，因為身體擁有昆達里尼能量的來源，而這昆達里尼可以被用
來引生強而有力的證量。這是為什麼我們擁有不去批評或忽視身
體的密續誓戒。密續說道，你應該照顧身體，保持身體健康，給
予身體良好的食物，因為你需要去擁有大量的能量。舉例來說，
給予你的身體更多的蛋白質，可以增加充滿大樂的昆達里尼力
量。尊重你的身體。不要認為身體只是一個問題的來源。困難源
自於心，而非源自於身體。

當你從事這些功法的時候，感覺你負面的念頭和能量的阻滯
隨著每一個動作被根除了，不論你碰觸到哪裡，你都感受到充滿
大樂的能量。你幾乎可以看見這個充滿大樂的昆達里尼能量在你
的脈中流動，遍及整個明亮燦爛的虹光身。在你的神經系統之
中，沒有容納疼痛的空間。

不要認為，充滿大樂的能量只存在於中脈之內。昆達里尼遍
及你身體的每一個毛細孔。想像你的整個神經系統，從腳上至頭
頂，都充滿了大樂。不論是在身體或在心靈之中，都沒有容納疼
痛和痛苦的空間。你可以說，西藏瑜伽的目的是讓身體和心靈沒
有容納痛苦的空間。

一位格魯派的喇嘛寫道，身體及其神經系統變得有助於禪
修，即是你能夠駕馭心靈的徵兆。換句話說，你協調身體能量的

方式顯示了你的證量。這相當令人印象深刻，而哈達瑜伽可以幫助你達到這個境界。哈達瑜伽能夠喚醒你的整個神經系統，讓你一天二十四小時都充滿大樂。因此，身體肯定是要去尊重的事物。

你可以說，當你觀修拙火的時候，你嘗試去做的事情之一，即是去生起對身體的覺察。你學習去和自己的身體能量溝通，尤其是你的暖熱能量和歡悅能量。你學習去發現正確的按鈕。西方國家的販賣機是一個好例子。你只要走到機器前面，按正確按鈕就可以了。你要可樂？這裡是可樂。你要咖啡？這裡是咖啡。同樣的，當你了解你的身體的時候，你可以從中獲得任何你想要的事物。一旦發現了你自己的歡悅中心和昆達里尼力量，你就不必向外尋求任何事物。

這是為什麼高潮被用來當做常住之大樂的象徵。宗喀巴大師的《俱信論》提及這一點。根據密續的說法，高潮的資源是好的；我們可以從中學習。

所有這些功法的要點在於增長貪欲和充滿大樂的昆達里尼能量，而不是增長輪迴的歡悅。這些哈達瑜伽的目的在於幫助我們在修持拙火瑜伽期間，控制神經系統的能量。當貪欲高漲，我們即將從性器官流失能量的時候，我們應該能夠把昆達里尼從位於下方的脈輪往上帶動，使其散佈到正確的地方。這些功法幫助我們去學習如何處理我們的能量。最後，將能夠把大樂的覺受轉化成為智慧。

男人和女人都應該學習去處理他們的貪欲，並且控制他們的性能量，而非失去性能量。這不只是一個違犯三昧耶的問題。重

點是，我們失去昆達里尼能量的力量，而這是不好的。

一般的運動通常會助長執妄，但是這些哈達瑜伽卻能夠幫助我們生起非執妄的智慧。當你從事其中一種功法的時候，你可能僅僅碰觸到身體的某一個部位，就直接進入甚深的三摩地之中。或者你坐在某一處放鬆身心，突然之間，你的整個身體會充滿大樂。這不是一種特別高的證量；任何人都可能獲得這種覺受。你將在沒有特別做什麼事情的時候，身體突然體驗到不可思議的大樂。應該是如此。

由於這些禪修和功法被建構的方式，這些覺受是可能發生的。它們非常的深奧，非常的令人著迷。一般的禪修可能會是枯燥乏味的，但是在此處，你觀修的對境似乎在呼喚你：「看！這是不可思議的、美妙動人的歡悅！」

當帝洛巴給予那洛巴第一個灌頂的時候，帝洛巴只不過是用他的涼鞋敲打那洛巴的頭。那洛巴立即進入甚深的三摩地之中。一個平常人可能會受傷，但是帝洛巴卻擊中正確的目標——有著白色「吭」種子字的頂輪。充滿大樂的能量從那洛巴的中脈流下，那洛巴進入三摩地之中。這是密續次第本質的一個好例子。那洛巴僅僅被打了一次，即立即進入甚深的三摩地之中。一個上師需要極大的善巧才能觸動一個弟子，使其生起如此直接的覺受。此即灌頂。它是充滿力量而具有重大意義的灌頂，超越書籍，甚至超越法。

類似的事情發生在種敦巴身上，而他甚至連身體的接觸都沒有。種敦巴帶著他上師阿底峽的糞便下階梯的時候，突然進入三摩地的狀態之中。這些例子是有助益的。它們和外在的因素無

關，例如以正確的姿勢來禪修等外在因素。它們純粹是內在的覺
受。

　　我們不必向外尋找黃金。在我們的內在，在神經系統之中，
我們全都擁有一座金礦。我們應該運用它，並且感到心滿意足。

原註：

❶其他五種功法是：旋轉如輪；屈身如鉤；結「金剛抱持印」於空中上舉下
　降；身直如箭，狀如母狗欠身；抖身引體，使脈中之血液輸往全身。

第十四章
脈與脈輪

　　拙火瑜伽能夠使瑜伽士和瑜伽女把所有的風息收攝進入中脈，生起四喜，體驗到自生的大樂智慧。這個過程導致幻身與明光的雙運，最後通往完全的證悟。

　　為了達到這個結果，我們需要採取的首要實際步驟之一，即是去了解金剛身的結構，尤其是脈與脈輪的結構。我們必須在從事禪修的時候觀想脈與脈輪，直到我們完全熟悉為止。

　　為了準備觀想脈與脈輪，我們需要去觀想我們的身體是空虛的。這個禪修簡單易行，但是卻非常重要。如果你好好去做，之後當你檢視脈與脈輪的時候，就可能比較不會碰到困難。首先，我要討論如何採取適當的坐姿。

✿ 坐姿

　　瑪爾巴曾經說：「沒有一個西藏禪修者能夠與我比擬。我的坐姿是無與倫比的。」瑪爾巴真的品嘗到了那洛六瑜伽的滋味，而有了這段經驗之談。當你靜坐的時候，你的內在能量應該與你對談，為你帶來大樂。密續僅僅使用身體的自然資源；它追隨你自己天生的能量來運作。

　　宗喀巴大師指出，在修持拙火瑜伽期間，正確的身體姿勢是

非常重要的。他建議，你坐在一個舒適的座位上，身體後部微微抬高。把你的雙腿交盤為蓮花坐姿，右腳放在左大腿之上，左腳放在右大腿之上。圓滿次第的修行法門應該以這種姿勢來完成。對於初學者來說，這種坐姿或許是困難的，因此你只要盡可能來做即可。或許如密勒日巴一般使用一條禪修帶會有幫助，但這不是絕對必要。

　　你的脊椎應該挺直，你的頭微微向前。你的眼睛半閉，目光不集中在任何事物之上，注視著你的鼻尖。然而，如果你的心非常散漫，你無法使你的心安靜下來，那麼閉著雙眼是有幫助的。把舌尖頂著門牙後方的上顎，下巴放鬆。你的肩膀應該往後伸直，不要向前弓曲。你的雙手應該置於肚臍下方，並且結禪定印，即右手置於左手之上，兩個拇指碰觸在一起，形成一個三角形。

　　尤其重要的是，你要讓你的心和你的身體保持微微的緊繃，而非鬆弛；你可以從自己的經驗來判斷。關於這部分，你需要去訓練。你的身體應該要挺直，從臀部到胸部要微微緊繃。我們大多數人都彎腰駝背，而一個彎腰駝背的姿勢會產生昏沉。你可以從身體姿勢來認出誰是瑜伽士和瑜伽女。

觀空身

　　觀想你自己是嘿魯嘎，直直站立，身體從頭到腳完全透明。你的身體完全是明澈的，空無所有的物質，如同一個充滿空氣的氣球一般。裡面完全沒有任何東西。如此思惟。

❦ 脈

　　一旦你能夠自在地把你自己的身體視為空虛的，你就能夠開始觀修你的氣脈。首先，從空性中生起本尊的身相。你的整個虹光身是空虛的，如水晶一般清澈透明；甚至連你的雙手都如同水晶。嘿魯嘎的身體不是充滿血液和骨骼的；它是透明而充滿光亮的。它是一個心識身，一個意生身。

　　觀想你的根本上師和傳承上師在你的前方，他們被空行和空行母所環繞。毫無疑慮地把你的身體和整個世界供養給根本上師和傳承上師。接著，向他們祈請，讓你體驗到充滿大樂的風息、充滿大樂的諸脈，以及充滿大樂的昆達里尼。如此思惟：「為了數量如虛空般廣大的一切有情眾生，我從現在開始要從事這個禪修，以成就金剛持的境界。」

　　現在觀想三條主要的脈：中脈以及左右兩條側脈。它們是如彩虹般的脈管，滑順、透明、清澈、充滿彈性，如絲一般充滿光澤。中脈從兩條眉毛之間的眉心開始，兩條側脈則始於鼻孔。所有三條脈都彎曲上行至頭頂，然後順著脊椎前方向下貫穿身體，直到秘輪的尖端。它們如同支撐屋頂的中柱。

　　然而根據《俱信論》這本論著，當我們從事拙火瑜伽的時候，我們觀想三條脈止於肚臍下方大約四指寬的部位；這個部位是我們從事禪修的時候，把氣帶入中脈的位置。左右兩條側脈以類似藏文字母「擦」（ぁ）的形狀，彎曲進入中脈的底部。宗喀巴大師說明諸脈實際上是如何存在的，以及在禪修的時候，我們應該如何運用諸脈。

宗喀巴大師強調，中脈接近脊椎。事實上，中脈沒有碰觸到脊椎，但是它非常靠近脊椎。兩條側脈則非常靠近中脈。

　　中脈的外表是藍色的，類似嘿魯嘎的顏色，其內部則是紅色的。右側脈是紅色的，左側脈是白色的。當論及脈的寬度的時候，西藏人有時候以大麥的麥梗為例子。我認為，餐廳裡使用的塑膠吸管也是一個好例子。但是就某些方面而言，一條脈不像一根吸管。當你喝一杯奶昔的時候，如果你彎曲吸管，吸管的外側會裂開。另一方面，我們的脈如同橡膠一般有彈性。

　　在身體內也有數千條支脈，但是這三條主要的脈是我們必須去觀修的。

脈輪

　　現在，讓我們談一談各種脈輪。在從事拙火瑜伽期間，我們最常使用的脈輪是臍輪、心輪、喉輪和頂輪。我們應該學習去觀想這四個脈輪；我們應該把心專注於這四個脈輪之上，直到我們能夠深入觀修它們為止。

　　宗喀巴大師說道，臍輪是紅色的，狀如一個三角形，擁有六十四條向上彎曲的支脈，如同一枝上下顛倒的雨傘的傘骨。

　　心輪是白色的，狀如一顆球，擁有八條朝臍輪方向向下延伸的支脈，如同一枝直立的雨傘的傘骨。

　　喉輪是紅色的，形狀也像一顆球，有十六條向上張開的支脈。

　　最後，充滿大樂的頂輪是多種顏色的，狀如一個三角形，它的三十二條支脈朝喉嚨的方向向下張開。

以這種方式朝彼此張開的兩組支脈，象徵善巧方便與智慧。三角形象徵智慧的女性能量，圓形則象徵男性的能量。

我曾經看過在印度的繪畫中，肚臍部位有一個三角形，恰如宗喀巴大師在《俱信論》中所描述的一般，但是有時候，臍輪被畫成一個圓形。我的感覺是，形狀不是非常重要。使用任何你感覺自在的形狀。繪畫可以用來展示脈與輪。一些西藏喇嘛曾經根據自己的淨觀來繪圖，但是由於無法確切地描述淨觀所見的事物，因此這些繪畫可能是難以理解的。

宗喀巴大師解釋，就一般而言，我們應該把支脈觀想得非常細小，但是在一開始，你最好觀想它們為你感到自在的大小。如果你無法清晰地觀想所有的支脈，那麼只要專注於脈輪的中心即可。

宗喀巴大師也說明，兩條側脈在四個主要的脈輪部位環繞中脈，因而形成脈結。在心輪有一個六重脈結，在其他的每一個脈輪則有一個二重脈結❶。有些人會發現這不容易去觀想。如果你認為它們難以觀想，那麼就略過脈結。

脈輪究竟在什麼地方？以臍輪為例。有些典籍指出，我們應該觀想臍輪在肚臍的正後方。宗喀巴大師清楚地說道，臍輪位於肚臍下方四指寬的地方；在那個位置，左右兩條側脈彎曲進入中脈。其他的典籍同意這種說法。

這個位置相當符合邏輯，也具有說服力。當你檢查的時候，你會發現，在肚臍本身那個位置沒有太多的感覺，但是在肚臍下方四指寬之處，卻有不可思議的感受。然而，由於中脈不是位於

身體的前方，而是靠近脊椎，因此你應該觀想臍輪靠近脊椎。臍輪的位置之所以是重要的，乃是因為源自左右兩條側脈的風息就在這個位置進入中脈。

關於頂輪——也被稱為「大樂輪」——的位置也有疑義。就字面意義來看，「頂」是指頭頂；因此，有時候頂輪是指頭頂的皮膚和頭顱之間的位置。然而，就我個人的意見而言，頂輪位於腦內；那裡有許多活躍的能量。這是大樂中心的所在地。一些典籍稱此輪為「頭輪」，但是我們也可以稱它為「腦輪」。

無論如何，觀想此輪介於你的眉毛和頭頂之間、比較朝向後腦的位置。它不需要非在一個死板板的位置不可。我們處理的是心識的實相，而不是肉體的實相。然而，從你自己的經驗，你將慢慢地發現體內所有脈輪的確切位置。那個時候，你的修行將變得更加精準。

喉輪位於喉結的正後方。心輪位於雙乳之間的胸膛中心，比較偏向脊椎，而非身體的前方。

雖然在修持拙火瑜伽期間，這四輪是我們最常使用的脈輪，但是我們也需要去熟悉其他的脈輪。在兩道眉毛的中間有一個脈輪。在西方文獻之中，此輪常常被指稱為「第三隻眼」。它擁有六條支脈。

此外，有一個秘輪或性輪。它是紅色的，擁有三十二條支脈，與脊椎的尾端等高。在男人的身體之中，此輪位於性器官的根部。另外，有一個中秘輪，也就是所謂的「珠寶輪」；它是白色的，擁有八條支脈。另有頂秘輪，位於陰莖的末端，是中脈終止之處。

這裡可能會出現問題：位於男性身體中的秘輪被解釋地非常清楚，那麼女性的秘輪呢？一個女人也擁有三個秘輪：秘輪、中秘輪和頂秘輪。但是對一個女人而言，這三個秘輪隱藏在她的身體內部。頂秘輪，也就是她的中脈終止之處，位於通往陰道的子宮頸末端❷。男性的性器官在外面，女性的性器官則隱藏在內部。如此所顯示的，在男性的金剛杵和女性的蓮花之間是相互配合的。

圓滿次第密續也解釋，瑜伽女擁有一條從中脈末端延伸出來的細微氣脈，當男性和女性的性器官交合的時候，這條細微的氣脈進入瑜伽士的中脈，生起不可思議的大樂。

在我們觀修脈與脈輪的時候，我們需要生起澄明與穩定。剛開始，我們專注於每一個脈輪，直到該脈輪清晰地顯現為止，然後我們安住在那個澄明的氛圍之中。透過把心安住在每一個脈輪，我們發展出穩定力。

在四個主要的脈輪之中，臍輪是最重要的，因為在修持拙火瑜伽期間，臍輪是我們專注的焦點。在那洛六瑜伽之中，深深專注於臍輪是使其他事物變成可能的基本步驟，其中包括了悟幻身與明光。它能夠非常快速地帶來成果。

專注於臍輪也比專注於秘輪或心輪較少危險。宗喀巴大師指出，太過專注於心輪可能會導致緊張、壓力，甚至心臟的問題。專注於臍輪比較安全，而且是生起拙火的根本。因此，即使是在從事「觀空身」和哈達瑜伽的時候，你也應該特別注意臍輪。

在剛開始，你必須如先前所描述地觀修脈與脈輪，直到你完

全熟悉為止。

調脈

　　為了準備拙火瑜伽，我們所要從事的另一個修法是「調脈」；此舉可以避免障礙，並且促使風息進入中脈。雖然在《俱信論》中沒有提及這個修法，但是許多喇嘛都推薦這個技巧。如同一匹馬為了比賽而受訓練一般，我們訓練自己騎乘在風息之馬上，透過上下行走於中脈，探索每一件事物。

　　首先，我們要從事「觀空身」。把自己視為本尊，你的光身如同水晶一般清澈透明。觀想三條主要的脈、所有的脈輪，以及所有的支脈。每一件事物都是透明、清澈，以及離於阻滯的。在心輪處，觀想一個白、紅色的昆達里尼明點，其大小如芝麻粒。這個明點散放出本質為五部佛之五色彩虹的燦爛光芒❸。

　　專注於這個明點。不要從外部注視這個明點。進入它，深入它，與它合而為一。你的心和這個明點合而為一，如此一來，沒有主體與客體的分別。在這個做為一個明點的大樂氛圍之中，你不再受到任何感官對境的吸引。每一事物都是為了你從事甚深的禪定而設立。

　　你身為這個明點，從心輪往下俯瞰，看見臍輪和秘輪。然後，你向上仰望，看見喉輪、頂輪和眉心輪。中脈暢通無阻。你從中脈向上抵達喉輪。你四處張望，清楚地看見喉輪的十六條支脈。

　　接著你往上移動至擁有三十二條支脈的頂輪，你清楚地看見頂輪所有的支脈。然後你前往位於兩眉中心處的眉心輪。從這

裡，你看著你的嘿魯嘎的身體，散放出明亮燦爛、本質是無二的藍色光芒。你清楚看見自此至足部的每一件事物。你感受到極端的大樂。

你從眉心輪回到中脈，再回到頂輪，向下俯瞰喉輪。你再一次地走到喉輪，觀察它的十六條支脈。向下走到心輪，注視它的八條支脈。繼續下行至臍輪，清楚地看著它的六十四條支脈。接著檢視秘輪、珠寶輪和頂秘輪。最後回到心間。上下來回行走中脈多次，每一次都止於心輪。

你不應該擔心觀想三條主脈如此延伸至臍下，會與拙火瑜伽相牴觸。在此，我們檢視每一件事物，來為從事拙火瑜伽做準備。無論如何，稍後當我們修持「四喜」的時候，我們將需要去觀想中脈一路通達至位置較低下的脈輪。

如此觀修，直到你完全熟悉你的脈與脈輪為止。最後，你將知道每一個脈與脈輪的位置，如同你知道你的皮包內每一件物品的所在位置。

當你在中脈之內上下行走的時候，想像昆達里尼明點的虹光，有助於活化諸脈。阻滯的脈被開啟，糾結扭曲的脈被拉直，萎皺的脈回復平滑。每一件事物變得如彩虹一般。所有的脈變得如絲一般的柔軟、透明和可運用的，彷彿它們能夠聽令差遣。

當你從事這個觀修的時候，你不應該專注於心輪太久。如我先前所提及的，宗喀巴大師曾經警告，專注於心輪過久可能會帶來充滿危險的緊張。事實上，你也不應該花太多的時間在喉輪或頂輪。由於我們是為了從事拙火瑜伽做準備，因此臍輪應該是我們主要的重點。

如果你已經通曉「觀空身」，那麼當你行走於脈與脈輪之中的時候，就不必擔心你所體驗到的痛楚。從事「觀空身」的目的，即在於避免這類的問題。當你的身體確實出現某些疼痛的時候，你不需要去詢問任何人該怎麼辦。宗喀巴大師已經給了你解決之道。

　　現在讓我們迴向功德：「藉由觀修三條主脈和四個主要的脈輪，願我們鬆弛阻滯之脈的緊繃。願所有的風息進入中脈，進而體驗明光之道。藉由深入脈輪的歡悅中心，願我們獲致常住大樂的證量。」

原註：

❶六重脈結是由左右兩條側脈環繞中脈三次所形成；二重脈結是由左右兩條側脈環繞中脈一次所形成。

❷根據克提青察仁波切（Kirti Tsenshab Rinpoche）的說法，在女性體內的中脈終於「子宮末端紅色明點流出之處」，此即子宮頸。

❸五部佛即不動如來（藍色）、毘盧遮那如來（白色）、寶生如來（黃色）、無量光如來（紅色）、不空成就如來（綠色）等五方佛傳承。

第十五章
充滿大樂之種子字

　　記住，你擁有一個明亮燦爛的、嘿魯嘎的虹光身。它不是一個血肉之軀，而是一個空虛的身體，擁有清澈透明、離於所有阻滯與迷惑的脈與脈輪。在先前的觀修之中，你行走至所有的脈輪，探索它們的結構。現在，你已經準備就緒，可以把種子字放在四個主要脈輪的中心。這將是你專注的對境。

　　宗喀巴大師說道，為了生起四喜，把種子字置於脈輪是不可或缺的。因為在最後，當位於頂輪的昆達里尼融化，往下流入中脈的時候，由於我們已經專注於每一個脈輪的種子字，因此我們將能夠在每一處提持昆達里尼較長的時間。如此，我們將能夠增長在該處的大樂覺受。

　　你應該把種子字置於四個主要脈輪的正中央。你應該盡可能地把種子字觀想得如芥末子或芝麻粒般細小。宗喀巴大師強調，種子字的大小應該要細微。此舉能夠促使風息自然而然地進入中脈，並且強盛地融入中脈。因為這個緣故，你的專注力將會更加堅固，進而生起更強烈的大樂。

　　首先，我們把一個種子字放在臍輪。我們在臍輪放一個「短阿」字，其形狀看似藏文「阿」字（ཨ）的最後一劃。這個「短阿」字的底部是寬廣的，然後往上逐漸變得窄長，最後成為

一個非常尖銳的頂端。你也可以把它觀想成為一個下寬上細的燭焰或「食子」（或音譯為「多瑪」）。記住，這個種子字是非常微小的。

這個「短阿」字是明亮的紅色。它非常的熱，如同熾熱的火焰，其本質是充滿大樂的。在它的頂端有一彎新月、一個明點和一個纖細尖銳的那達。（那達是一個梵文字，有時候意指「無二」，因此我們或許可以說它代表「無二頂」。

一些喇嘛說，「短阿」字立於一個日輪之上，但是宗喀巴大師則建議，觀想這個「短阿」字立於一個月輪之上。由於我們試著去生起拙火，因此去觀想短阿字立於一個日輪之上似乎比較合乎邏輯。我的感覺是，宗喀巴大師認為它應該立於月輪之上，來預防尋常暖熱的生起；一般的暖熱是表面而短暫的。

把短阿字放在臍輪中央的中脈之內；臍輪位於肚臍下方四指寬的位置。宗喀巴大師清楚地指出，短阿字應該位於臍輪，並且在中脈之內。其他喇嘛同意，我們應該觀想短阿字位於中脈與兩條側脈會合之處，但是他們卻說臍輪是在肚臍的位置。此外，許多典籍建議我們把專注的對境安置在脈輪之內，卻沒有說把它置於中脈之內。宗喀巴大師說，去尋找正確的位置是必要的，因為這個位置正是風息從兩條側脈進入中脈之處。

宗喀巴大師也強調，我們應該觀想短阿字靠近脊椎，而非靠近身體的前方。他一再強調這一點。觀想短阿字在這個位置，有助於拙火以一種甚深且善巧的方式生起，並且阻止尋常暖熱的生起。法王崔江仁波切也說，觀想種子字靠近脊椎，能夠使拙火更漸進、更強大、更甚深地生起。讓拙火極端快速、如同一場爆炸

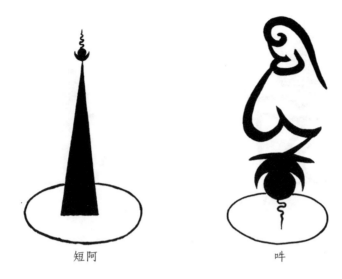

短阿　　　　　　　　　吽

般生起是不好的。

　　接下來，把一個立於月輪上的藍色「吽」字、一彎新月、明點和那達放置於心輪之上。同時，從藍色吽字、一彎新月、明點到那達，是整個上下顛倒立於月輪之上的。藏文吽字的寫法有點複雜，因此你可以觀想簡寫的吽字，有點類似短阿字。最低限度你可以觀想一個上面較寬、下面較纖細的藍光。我們最終的目標是，透過止的專注力，促使充滿大樂的昆達里尼向下流經種子字和那達。這個藍色的吽字和位於臍輪的紅色短阿字相呼應。

　　現在，觀想喉輪有一個月輪，在月輪之上有一個紅色的「嗡」字。你也可以觀想一個紅色的「安」字。這兩個種子字都是可接受的。你也可以觀想簡化的「嗡」字。你可以只觀想「嗡」字的「阿」的部分，如果這麼做對你比較容易的話。這個紅色的種子字直直站立，在其上方有一彎新月、一個明點和那達。同樣的，你應該觀想這個種子字位於中脈之內，在喉輪的正中央。

嗡

安

吭

在頂輪——大樂之脈輪——我們放置一個白色的「吭」字在一個月輪之上。你也可以把這個種子字簡化成為一個如鉤子般的形狀。它擁有一彎新月、一個明點和那達，而且是上下顛倒。這個種子字與位於喉輪的紅色「嗡」字相呼應。

依序觀想這四個種子字，但是主要把焦點放在臍輪的短阿字之上。當你觀想短阿字（以及其他的種子字）的時候，你的心識應該完全與它合而為一。它看起來是如此的動人，讓你想要與它融合。宗喀巴大師說道，我們不應該認為種子字是在「外面那裡」，不應該認為我們與種子字是分離的。相反的，我們應該完全地與每一個種子字融合為一。

　　所有的種子字應該是非常明亮的，擁有昆達里尼的本質。宗喀巴大師說，它們如露珠般滴下昆達里尼。觀想種子字明亮燦爛，可以避免昏沉，讓心之晦暗沒有容身的餘地。把種子字視為充滿大樂，自然而然地根除了因為不滿足而引起的散漫掉舉的心。每一件事物都是為了幫助我們生起深刻的專注力而設立。

　　宗喀巴大師指出，當你觀修種子字的時候，你的專注力不應該太緊張，也不應該太鬆弛，而是要適中。宗喀巴大師也提及其他的技巧，例如把種子字置於支脈，但是就此刻而言，這個技巧不是必要的。我先前所傳予的觀修是最重要的。

　　雖然一般而言，我們應該盡可能地把種子字觀想得微小，但是宗喀巴大師說，在剛開始，把種子字觀想得大是可以接受的。隨著你的觀修有所進展，你可以逐漸地縮小種子字的尺寸。

　　觀想專注的對境位於脈輪有什麼利益？觀想「吭」字位於頂輪，可以增長白色的男性昆達里尼；此為大樂的來源。觀想「嗡」字位於喉輪，可以增長女性血液的能量，並且有助於睡夢瑜伽的修持。觀想「吽」字位於心輪，有助於生起明光。觀想短「阿」字位於臍輪，可以增長拙火的力量；由於臍輪與左側脈相連結，因此它也可以增長白色的大樂能量。活躍位於臍輪的拙火，可以自然而然地使能量上達頂輪。僅僅觸摸肚臍以下的部位，你就能夠感受到頂輪的覺受。

　　儘管我們應該熟悉所有的脈輪，但是要記住，位於臍輪的拙火是獲致所有脈輪之證量的關鍵。

　　不同的密續用不同的方式來運用臍輪，以及位於中脈上下各

個開口的其他脈輪。事實上，宗喀巴大師在《俱信論》關於身體之特質的章節中，就此做了陳述，但是我決定在這個章節加以討論。

　　根據瑪爾巴的傳統，修持密續瑜伽有兩個時段：當我們清醒的時候（醒位），以及當我們入睡的時候（睡位）。經乘的修持僅僅使用清醒的狀態，但是無上瑜伽密續卻也有運用睡眠狀態的方法。

　　瑪爾巴解釋，心輪和喉輪是修持睡夢瑜伽的主要脈輪，臍輪和頂輪則是在清醒狀態從事修法所使用的脈輪。在清醒狀態期間，臍輪對於修持拙火是重要的，而頂輪則是針對明妃修法。這是因為在這些時期，細微的能量明點會住於各個脈輪之中。

　　宗喀巴大師也探討《時輪密續》的觀點；《時輪密續》指出，臍輪和眉心輪與醒位的修行法門有所關聯；而喉輪和秘輪則對睡夢期間所從事的修行法門是重要的。

　　接著，宗喀巴大師提出他自己的觀點。他說，當我們入眠的時候，風息強大地聚集在心輪和珠寶輪，而且只要風息停留在那裡，我們就會維持深眠的狀態。（當我們處於深眠狀態的時候，明點和風息也會強力地聚集在珠寶輪；這是為什麼有時候男人會在這個時候遺精。）在深眠狀態之中，我們不會作夢。一旦睡眠變得淺薄，風息也跟著變輕；這個時候，風息聚集在秘輪和喉輪，夢境隨之來到。當風息的能量移動至眉心輪和臍輪的時候，我們清醒了。

　　即使這些脈輪對在睡夢期間所從事的修法是重要的，但是這不表示它們對清醒期間所從事的修法不重要。宗喀巴大師說，深

入並且觀修每一個脈輪，會帶來個別脈輪特有的成果和證量。然而在那洛六瑜伽的修行系統之中，每一件事物都是透過臍輪來成辦。

❦

在所有關於脈與脈輪的修法之中，我們建議把脈與脈輪觀想得清晰明澈、如彩虹一般。然而在實際上，它們完全不是如此。我們的左右兩條側脈緊繞著中脈，擠壓並且阻滯中脈。諸脈常常萎皺扭曲，而延伸出所有較小支脈的脈輪也是非常擁擠混亂。脈輪如何能夠鬆弛開啟，讓風息進入中脈？諸脈如何能夠變得清晰明澈、如彩虹一般呢？

基本的原則是，心識以及總是伴隨著心識的風息，能夠隨心識之所欲，自然而然地行至任何處所。因此之故，專注於重要的穴位，能夠逐漸地使諸脈與諸脈輪轉為明澈無障。此舉為細微的能量創造了流動的空間，如同把空氣吹進一只氣球，使其開啟擴張一般。

舉例來說，當你深入臍輪的時候，阻滯被釋放暢通了，脈輪隨之開啟，風息自然而然地進入該脈輪。心輪以及其他的脈輪也是如此。事實上，觀修短阿字位於臍輪，也能夠自然而然地活躍被支脈擠壓的心輪。風息從臍輪上行，迫使心輪開啟。這也自然而然地活躍和開啟喉輪和頂輪。

然而在剛開始，深入地專注於脈輪，總是會造成一些緊張。風息聚集在心識所專注之處，有時候，風息移動到錯誤的方向，引起身體與情緒的痛苦。如果我們沒有準備就緒，就會發生這種情況。這是為什麼觀空身、寶瓶氣、哈達瑜伽、觀修脈、脈輪和

種子字對修持拙火瑜伽而言，全都是不可或缺的前行。

當諸脈擁擠、緊張、受制的時候，我們需要時間慢慢地使其鬆弛。即使諸脈是細微的現象，但是它們仍然具有形相。當我們一再地觀修脈、脈輪與種子字的時候，我們的脈變得暢通無阻、清淨無染，能夠發揮功能，並且如絲一般柔軟。如果我們準備這些前行，當我們觀修拙火、深入諸脈輪的重要穴位的時候，風息就能夠輕易地進入中脈，並且完全地融入中脈。

你應該交替從事這些修法，因為它們相輔相成。最後你將會生起一種合一感，彷彿你的身體能量是你的心識，你的心識是你的身體能量。你的身體與心識將會圓滿地彼此契合。

當你感受到大量的虔敬心時，向所有的傳承上師祈請給予加持，證得一切修法的成就是好的。觀想傳承上師在你的心輪，如同水晶上的精微映像一般。一切宇宙之現象（一切諸法）也映現其上。你也可以只觀想那洛巴在你的心輪之上。

然後，懷著虔敬心，你如是祈請：「願我成就拙火瑜伽。願我的整個神經系統體驗到大樂能量的爆發。願所有大樂的能量進入中脈。願它了悟無二之智慧。」

第十六章
寶瓶氣修法

　　如我稍早所描述的，雖然宗喀巴大師在介紹哈達瑜伽的章節之中，只簡短說明了寶瓶氣修法，但是《俱信論》卻把寶瓶氣列為六種哈達瑜伽功法之首。

　　寶瓶氣不是一個微不足道之法。其他五種哈達瑜伽功法都是在持住寶瓶氣的情況下施行，而且最重要的是，拙火瑜伽的修持是以寶瓶氣的呼吸技巧為基礎。成功地把風息帶入中脈，並且使風息在中脈之內穩定融入，都取決於寶瓶氣。

去除不淨的風息

　　在嘗試修持寶瓶氣之前，你應該先運用「九節風」來去除所有不淨的風息。

　　你用右手食指的指背來封住你的左鼻孔，然後用右鼻孔緩緩地吸氣。接著用右手食指的指腹封住右鼻孔，然後用左鼻孔來呼氣。思量你正在呼出所有不淨欲望的能量。如此從事三次。事實上，你不需要把鼻孔用手指封住。你可以觀想風息從另一個鼻孔離開體內。

　　現在依照相反於上述的方法，用左鼻孔吸氣三次。當你用右鼻孔來呼氣的時候，想像呼出所有不淨的瞋恨能量。最後，同時

用兩個鼻孔吸氣和吐氣三次，使所有的能量變得清淨無染而平均。當你呼氣的時候，觀想你呼出所有不淨的無明能量。如此共為九次❶。

宗喀巴大師強調，你應該只用鼻孔吸氣和呼氣，而不是透過你的嘴巴。他建議，首先用右鼻孔來吸氣，但是因為「母續」的母部法則通常與左側有所關聯，因此你可能要先用左鼻孔來吸氣，來著重女性能量的順緣助力。如果你想要強調「父續」的法門，那麼先從右鼻孔吸氣。

緩慢而輕柔地吸氣。吸氣的時候，你可以想像你吸入來自帝洛巴、那洛巴和十方諸佛菩薩的清淨大樂能量。當你呼氣的時候，想像所有身心的困頓、阻滯能量的種種症狀都消失無蹤。這不僅僅只是觀想。一旦你開始修持九節風，你就會感受到一些轉變。呼氣的時候，先輕柔地呼氣，繼而強力地呼氣，然後再輕柔地呼氣。

❦ 寶瓶氣

理想上，你應該在胃部空虛而舒適的時候修持寶瓶氣；換句話說，應該要在進食之前或食物已經被消化之後修持。身體的姿勢也是重要的。你的身體應該要非常的挺直。如果你的身體彎曲，寶瓶氣就無法發揮功效。

寶瓶氣修法包含四個步驟：吸氣；使左右兩條側脈充滿風息；把左右兩條側脈的風息擠入中脈；呼氣，或「如箭般向上激射」。

在修法之初，把你的雙手握成金剛拳：把拇指的頂端放在無

名指的根部，然後其餘四指把拇指握於掌中成一拳狀。把雙拳置
於大腿之上，雙臂緊貼著身體。盡可能地把身體撐直；此舉能夠
使風息流動得更加順暢。然而，你不必一直如此坐著；過了一會
兒，你可以如常地坐著。

觀想自己是本尊，並且如前所述地清晰觀想三條主脈和四個
主要的脈輪。專注於臍輪的短阿字。

第一個步驟是吸氣。透過兩個鼻孔緩慢而輕柔地吸氣，直到
你的肺完全充滿了空氣為止，並且觀想空氣充滿左右兩條側脈。
記住不要用嘴巴吸氣。雖然一些喇嘛說要用力吸氣，但是宗喀巴
大師強調，吸氣應該要非常緩慢，非常輕柔。

在第二步驟之中，觀想左右兩條側脈充滿了空氣，如同充滿
了氣的氣球一般。

第三個步驟是，在持住呼吸的同時，你吞嚥少許唾液，把橫
隔膜收緊並穩定地下壓。感覺這些下壓的動作促使吸入的空氣一
路從兩條側脈向下，直達位於臍輪的短阿字。你可能需要稍微用
力把氣持於此處。

接著，你仍然持氣，用橫隔膜往下壓，並且藉由收縮骨盆的
肌肉來緊縮下門諸竅。此舉可以把位於下方的風息往上提帶，與
位於臍輪的上方風息相融合。感受短阿字吸引風息的能量，把它
們全部引攝至中脈之內。想像上風息和下風息在位於臍輪、中脈
內的短阿字處相融合❷。（這個呼吸技巧之所以被稱為「寶瓶
氣」，乃是因為短阿字被上風息和下風息撐持住，彷彿短阿字是
在一個瓶子或茶壺之中。）持住你的呼吸，盡可能長時間地緊繃
上下的肌肉。

不要認為這個過程是複雜的，或認為你做起來將有困難。許多事情似乎在同一時間發生，但是主要的步驟在於帶引來自上方與下方的風息，使它們在臍輪處相融合。與其強迫這個過程，你應該感覺到短阿字自然而然地引攝所有的風息進入臍輪。良好的定力有助於這個過程自然而然地發生。

最後是第四個步驟。當你無法再舒適地持住氣息的時候，你應該用鼻子呼氣，觀想持於短阿字、互相融合的上下風息，如一枝弓箭一般向上衝射中脈。它們完全融攝入中脈，引生出大樂。

你應該先緩慢地呼氣，但是到了盡處，你應該用力把氣呼出，直到你感覺你的肺空虛為止。雖然宗喀巴大師的《俱信論》沒有提及要用力把氣呼出（事實上，他建議我們要輕柔而安靜地把空氣釋放出來），但是我曾經見過許多喇嘛這麼做。

儘管一些喇嘛說，你應該觀想風息從頂輪離開身體，但是宗喀巴大師說，風息應該被留在中脈之內。這是可以理解的，因為我們主要的目標是讓所有的風息進入中脈，並且在其中穩定融攝。風息從臍輪行至心輪、喉輪和頂輪，但是它沒有從頂輪離開體內。

雖然當我們吸氣的時候，我們觀想所有的風息進入左右兩條側脈，但是我們的目的是讓風息充盈中脈，而非側脈。為了達到這個目的，我們把風息完全向下引帶，持於肚臍之下；兩條側脈在此處進入中脈。當我們吞下津液，把風息從兩條側脈擠入位於臍輪的中脈，中脈自動開啟，所有的風息從兩條側脈進入中脈。

當兩條側脈開啟運作的時候，中脈是關閉的；當中脈開啟運

作的時候，兩條側脈是關閉的。宗喀巴大師說，只有這兩種可能。

根據宗喀巴大師的經驗，剛開始，把融合之上下風息持於臍輪可能會不舒服，腹部有時候會有點脹。但是，他解釋，隨著修持，不適會消失，腹部也會自然地縮小。

有人可能會覺得自己無法引帶上下風息融合於臍輪；其他人或許認為他們的腹部太小。解決之道在於不去勉強任何事情。不要急著去融合上下二風息。當然在剛開始，用一點力是好的，但是不要用力過度而讓自己為難受苦。不要認為你只能用勁來修持此法。試著用一種放鬆的方式來把能量帶入中脈。

如果你不喜歡用勁來修持此法，那麼想像短阿字引攝上下風息進入臍輪，在該處相融合。它彷彿短阿字把你身體的整個能量吸進臍輪一般。不費任何力氣，你觀想短阿字強力吸引來自兩條側脈、所有其他諸脈，以及上方和下方的風息，融攝於一處。這是修持寶瓶氣的一個簡易方式。

如果你運用太多的力量，你可能會經歷風息失調錯亂；在藏文中被稱為「龍」。你也可能會出現強烈的心悸、冒冷汗或感到不適。不要緊張。只要用一種放鬆和自然的方式修持即可。緩慢而輕柔地施行此一技巧，並且讓這個過程隨著你個人的根器來發展。每一個人的身體都不同。一些人有大的腹部，另一些人有小的腹部；一些人有大的脈，另一些人有小的脈。每一個人應該根據個別的身體比例來呼吸。無論如何，過程是相同的。

就我個人的意見而言，宗喀巴大師是在說，每一個人都可以判斷該引進多少的風息，以及持氣的時間長短。一個喇嘛可以教

導你這些技巧，但是你應該從自身的經驗來決定哪一個技巧對你
最有用處。

　　在一開始，你越是輕柔，最後你將能夠更有力道地把所有的
風息帶入臍輪。然而宗喀巴大師說，到了某個程度，寶瓶氣會自
然而然地成就。隨著你的專注力變得穩固，你將會發現你能夠毫
不費力、自然而然地持住上下風息。你可能會發現技巧是困難
的，但是有一天，你的呼吸會突然地、出乎意料地變得更自然、
更穩定、更容易控制。你將能夠從自身的經驗來判斷你何時成就
了寶瓶氣。

　　你可能沒有在修法，只是在談話或從事一些平常的活動，但
是你突然注意到你正在修持寶瓶氣。你微微下壓，能量自然而然
地在你的體內移動。由於經常修持，這個過程變得非常自然，你
將發現自己自然而然地把氣息帶入體內。

　　當然，如果你真的覺得這個呼吸技巧太過複雜，那麼你只要
自然地呼吸，培養對短阿字的專注力。事實上，宗喀巴大師的論
著《俱信論》指出，要成就拙火瑜伽，寶瓶氣不是絕對必要的。
你可以用微細而自然的氣息來呼吸，但事實上卻是在持氣。

　　把上下風息一起持於臍輪，乃是成就拙火瑜伽的關鍵。你應
該一再地修持寶瓶氣，直到你能夠毫不費力地做它為止。寶瓶氣
不是一個困難的技巧；事實上，它簡單得令人無法置信。從秘輪
生起的大樂感受，表示你正在進步。即使在沒有太多專注力的情
況下修持寶瓶氣，也會引生大樂。你不必是一個偉大的禪修者。
你唯一要做的是修行、平和寧靜地活著、自制與放鬆，如此一
來，即使你沒有良好的專注力，你也能夠體驗充滿大樂的能量。

❧

　　寶瓶氣也能夠被用來做為延長壽命的方式。據說，在一生當中，我們每一個人各自皆有固定的吐納數量，如果我們能夠學習去控制慣常快速的呼吸，並且更加緩慢地呼吸，我們就能夠延長壽命。

　　此外，我認為，減緩我們呼吸的律動，可以使我們的神經系統緩慢下來，我們的心識也隨之緩慢下來。如此一來，我們的專注力自然而然地變得更加強固，我們的心識也減少散漫。

　　評估你修持寶瓶氣的進展有各種不同的方法。噶舉派的修行者有一種寶瓶氣的計時方法：你碰觸你的一個膝蓋，然後碰觸另一個膝蓋、你的額頭，最後彈指三次。這個循環被算做一個計量單位。在持一次寶瓶氣期間，如果能夠做一百零八次這樣的循環，被認為是一個大成就的徵兆；七十二次表示中等成就；三十六次表示小成就。噶舉派的典籍解釋，這種成就只是從初學者的觀點而言。對於高深的瑜伽士和瑜伽女而言，計時毫無問題；他們可以持氣極長的時間。

　　宗喀巴大師有不同的計算方法。你把右手掌置於左手掌之上，擊掌三次，碰觸雙膝，然後彈指六次。對我而言，噶舉派的方法比較簡單。甚深地專注於拙火，同時進行複雜的計算是困難的。我不反對宗喀巴大師的方法。我相信，有著不動定力的人可以用宗喀巴大師的方法計算；但是對於那些容易分心的人來說，用其他的方法來計算會比較好。在古代，沒有手錶或時鐘，因此時間沒有辦法被正確地估算。現在我們都有手錶，因此我們不必用宗喀巴大師或噶舉派的方法來計時。我們可以用二十世紀的方

法來計算。

　　現在我們應該迴向功德：「願來自左右兩條側脈的瞋、貪能量全都融入短阿字。願一切有情眾生體驗風息進入中脈，變得穩定，然後融攝入中脈。願他們全都發現明光。」

原註：

❶在《俱信論》之中，宗喀巴大師明示從右鼻孔吸氣和呼氣，然後從左鼻孔吸氣和呼氣，接著同時用兩個鼻孔吸氣和呼氣。此三組呼吸各重複三次，故為「九節」。

❷在葛蘭・穆林（Glenn Mullin）所翻譯的《俱信論》中，宗喀巴大師說：「要把上下風息契合在一起。」

第五部

發現圓滿

第十七章
拙火瑜伽

根據宗喀巴大師的論著《俱信論》所說，當我們精通寶瓶氣，擁有足夠的專注力時，我們就能夠開始修持拙火瑜伽。此舉能夠真正地引生內在的拙火。在這個時候，我們應該已經完全熟悉位於各個脈輪的種子字：短阿字、吽、嗡和吭。這些種子字應該被觀想位於中脈，個別具有清淨無染的顏色，並且散放出明亮燦爛的光芒。在修持寶瓶氣和觀想這些種子字的基礎上，我們可以從事更具技巧性的拙火瑜伽。

拙火是一種非常特殊（不共的）的密續技巧。我稍早提及，古代的一些喇嘛曾經說，生起次地的禪修不是必要的，它們僅僅被用來達成世俗的成就。就某種意義而言，他們是對的。當然，我這麼說是玩笑話；他們是錯誤的。但是我希望你們了解我的觀點。拙火的圓滿次第法門如同循著一條完全直接的軌道來發射火箭。它只處理必要的事物。相較之下，生起次第就如同夢境。

如我先前所說的，拙火是成就一切圓滿次第修持的根本。它是喚醒我們的極細微心識的完美方法；極細微心識的功能是去通達圓滿之無二智慧。這個自生大樂智慧的圓滿次第覺受，即是拙火瑜伽的究竟成就。

宗喀巴大師說：「藉由修持拙火，你可以輕易地把風息能量

帶入中脈，並且輕易地生起四喜。從那樣的經驗，你可以觀修明光和幻身。」他繼續說道：「把風息能量帶入中脈，以及引生四種大樂狀態的所有善巧方便，都奠基於拙火瑜伽之上。」

自生智慧大手印源自四喜。四喜則源自拙火瑜伽。而拙火瑜伽取決於風息進入中脈。沒有這些密續的善巧方便，便無法獲致證悟。

對小乘、波羅密多乘和密乘而言，明晰、大樂、無念和不動三摩地的覺受是共通的，然而，在小乘、波羅密多乘的無念智慧和密乘的自生大樂智慧之間，卻有極大的差異。宗喀巴大師非常清楚地指出這一點。

拙火瑜伽是成就充滿大樂之不動三摩地的最強而有力的方式。我先前提及岡波巴與密勒日巴第一次會面的故事，即說明了這一點。岡波巴告訴密勒日巴，他擁有如此甚深的三摩地，可以心思毫不散漫掉舉地禪定多日。密勒日巴聽了之後，只笑了笑說：「我對此不感到印象深刻！親愛的孩子，你的不動三摩地和我的圖摩短阿字無可比擬。我不知道你為什麼對你的不動三摩地感到如此自豪。你無法從沙子裡面榨出橄欖油。我的拙火瑜伽是無與倫比的。」

密勒日巴說這些話不是出於自我中心的傲慢。拙火瑜伽是非常特殊的。如密勒日巴所說的，安住於尋常的三摩地中數日，就如同試圖從沙子裡面榨出油一般。這是不可能的。然而，拙火瑜伽能夠迅速地產出真正的油。

這是密勒日巴的經驗談。拙火瑜伽遠比一般的甚深三摩地更有效率。它迅速地引發無二智慧、神通和了悟。它是通往無數寶

藏之鑰。

為什麼拙火瑜伽是成就大樂三摩地最強而有力方式？首先，它的觀修對境不是外在的事物，而是你自己體內的事物。第二，觀修的對境坐落於中脈。第三，觀修的對境不只位於中脈，而且特別是位於臍輪。

各種不同的密續各有引帶風息進入中脈的方式。在拙火瑜伽之中，引帶風息進入中脈的方法是透過臍輪。雖然拙火也可以透過頂輪、喉輪或心輪來成就，但是把風息從臍輪帶入中脈是比較容易，而且比較安全的。

宗喀巴大師描述，臍輪呈一三角形。你或許可以把它想像成為一個金字塔。把你的焦點放在專注的對境之上——位於這個金字塔的短阿字，也就是你自己，能夠生起不動之專注。在這之中，沒有動作，沒有散漫。深入地專注於臍輪，是讓其他事物成為可能的基礎。

讓拙火如此特殊的第四個要點是，它生起如此不可思議的大樂，使你的心識只想停留在位於肚臍的歡悅中心。你不想走出去尋求其他事物。拙火燒盡你的不滿能量，為你的身心帶來全然的滿足。

一旦寶瓶氣修法把風息帶入短阿字，你如何能夠把你的心識從臍輪移開？你的心識騎乘在風息之上，因此如果騎乘的交通工具（風息）沒有移動，心識無法到任何地方。心識沒有任何選擇，它必須停留在那裡。如此一來，透過拙火瑜伽，我們能夠迅速獲致不動三摩地。

為拙火做準備

　　如我稍早所提及的，當你從事拙火瑜伽的時候，你的胃應該是空虛而舒適的。此外，你的身體姿勢必須保持挺直，如此一來，你的整個身體能量是強大的。如果你的姿勢鬆散，你的禪修將不會奏效。你的身體保持挺直和微微的緊繃，可以使從腳尖到頭頂產生連結。

　　在開始修法之初，把你自己以及其他事物都融入空性之中，然後從空性中生起嘿魯嘎的身相。強烈地把自己視為本尊，擁有一個明亮燦爛、藍色的虹光身或水晶身。認清你，也就是嘿魯嘎，乃是無二之自生大樂智慧的映現。

　　突然之間，上師金剛持出現在你前方的無二虛空之中。他與明妃雙運，他們的身體散放出明亮的藍光，使你生起大樂。把上師金剛持視為本尊、空行、空行母和護法。上師金剛持被那洛六瑜伽的傳承上師所環繞：帝洛巴、那洛巴、瑪爾巴、密勒日巴、岡波巴、宗喀巴大師，以及其他傳承上師。這些偉大的上師圓滿了他們的修持，獲致拙火瑜伽的成就，圓滿證悟了幻身和明光智慧。他們激勵我們，並且給予我們成就拙火的妙法。我們所有大樂感官能量之覺受供養給傳承上師、空行和空行母，增長他們內在的大樂。

　　然後強烈而專一地祈請：「願一切如母眾生發現他們充滿大樂的脈與脈輪。願他們把大樂之風息帶入中脈，使其穩定，並且融攝入中脈。願一切有情眾生發現自生大智慧之充滿大樂的昆達里尼能量。」生起獲致幻身與明光雙運之圓滿金剛持果位的發

心。為了獲致這種圓滿，你現在要修持拙火瑜伽。

所有的傳承上師融入金剛持。金剛持把明燦的白光射入你的頂輪、明燦的紅光射入你的喉輪、明燦的藍光射入你的心輪，使你的內心生起大樂。

接下來，把焦點放在你的頂輪。它明澈而毫無阻滯。深入觀察種子字「吭」，其上有一彎新月、明點和那達。它是白色的，上下顛倒地立於月輪之上。清晰地觀想「吭」字位於中脈之內、頂輪的中央。

白色的光芒從「吭」字散放出來，完全充滿你的頂輪。所有的黑暗和失去功能的能量都被消除了。你的每一個腦細胞都清醒而復甦，生起大樂與寧和。頂輪和種子字「吭」給予你大樂的能量。

在你的喉輪有一月輪，其上有一個明燦的紅色「嗡」字、一彎新月、明點和那達。位於喉輪的紅色「嗡」字和位於頂輪的白色「吭」字相互呼應，生起大樂與無二之雙運。感覺這種雙運開啟、解開、鬆弛阻滯的諸脈。同樣的，喉輪和種子字「嗡」給予你大樂的能量。

在你的心輪有一月輪，其上有一個上下顛倒的藍色「吽」字、一彎新月、明點和那達。「吽」字放射出無限的、充滿大樂的藍光。位於心輪的藍色「吽」字和位於臍輪的「短阿」字相互呼應。

「短阿」字立於月輪之上，是明燦的紅色，其本質是充滿大樂的，而且不可思議地熾熱。它也擁有一彎新月、明點和非常纖細尖銳的那達。這個短阿字是你主要的專注對境。深入觀察它，

如此一來，觀者與被觀察的對境是合一的。你的心識成為短阿字，短阿字成為你的心識。

　　這個短阿字應該是明亮燦爛的，它越熾熱，它就越明亮燦爛。觀想種子字放光消除了因為黑暗、缺乏明晰而形成的昏沉；觀想它充滿大樂，使你的心識免於掉舉。最後，源自大樂而生起的心滿意足，將終止所有散漫的念頭。

　　有四種修法可以幫助我們獲致拙火的成就：引燃拙火、熾燃拙火、燃滴（或譯為「融降」）和殊勝燃滴（或「殊勝融降」）。

引燃拙火

　　從寶瓶氣修法開始。輕柔緩慢、完全從兩個鼻孔吸氣。感覺空氣充盈左右兩條側脈。如果你喜歡的話，可以觀想空氣是藍色的或如煙一般的顏色。此外，想像空氣從你嘿魯嘎身相的所有毛細孔被吸入體內，而不只是透過鼻孔。

　　吞下一點津液，並且隨著下嚥的動作，把空氣往下壓至臍輪。接著緊縮下門諸竅的肌肉，如此一來，位於下方的風息便可向上至臍輪，與上方的風息合而為一。

　　短阿字，也就是你的心識，具有如磁鐵般的力量，不只能夠吸納來自左右兩條側脈的風息，也可以吸納來自全身毛細孔、來自上下諸脈輪，以及來自十方的風息。務必如此觀想，因為它將給予你風息確實已經進入中脈的強烈感受。

　　風息使短阿字熾盛發熱，正如同吹著炭火，使其越來越熾熱一般。短阿字變得非常明亮，非常熾熱。它變得越熾熱，與短阿

字融合為一的心識能量就更加充滿大樂。

當你需要呼氣的時候，要非常用力且徹底，觀想所有的風息在中脈內向上激射，並且融攝於中脈。

保持你自己與短阿字融合為一的覺察，再一次緩慢輕柔、完全透過兩個鼻孔來吸氣。吞嚥並且下壓。感覺你所有來自左右兩條側脈煩惱的、自艾自憐的能量，都被吸引進入短阿字之中，並且被燃燒殆盡。緊縮下面的肌肉，以把下方的風息向上帶至臍輪，並且與從左右兩條側脈下行到此處的風息相融合。

用深入的覺察專注於短阿字之上。感覺熱力增強，短阿字開始熾燃。它保持同樣的大小，但是火焰從短阿字向上噴射，然後再度消融。這種充滿大樂的暖熱自然而然地使你的注意力融攝入短阿字之中。如是觀想，然後放下。

重複修持寶瓶氣，但是不要勉強。讓這個過程自然而然地發生。強烈地專注於自己和短阿字融合為一，並且增強拙火。

現在，來自短阿字的明燦紅光循中脈向上放射，擁抱心輪、喉輪和頂輪。從你的頭頂一路下向至腳尖，你的整個嘿魯嘎的身相充滿了明亮的大樂紅光。

從此一修法生起的暖熱不應該是表淺而粗重的，而應該是深刻精微的。這是我們試圖生起的拙火特質。如果你用急進的方式來修持而出汗，你將無法引生正確的拙火暖熱。如果暖熱從一開始緩慢地生起，正確的結果將隨之而來。

用深刻的覺察專注於短阿字上；充滿大樂的暖熱將使你的注意力停留在那裡。不要智識化，只要觀察和放下。一切存在的事物皆是短阿字的大樂覺察。

❦ 熾燃拙火

在引燃拙火之後，我們現在可以開始讓它熾燃。同樣的，寶瓶氣是這個修行法門的基礎。你的心識完全與短阿字融合為一。深深地吸氣，想像你所有煩惱的欲望和瞋恨，都隨著吸入的空氣循著側脈被強力地向下吸引，融入短阿字之中，並且被拙火燃燒殆盡。

吞嚥並且穩穩地下壓。緊縮下面的肌肉，如此一來，下方的風息被向上吸引，觸及位於短阿字的上方風息，並且與其相融合。如同一個磁鐵一般，位於臍輪的短阿字吸納所有的風息。這個短阿字，也就是你的心識，超級敏銳，超級熾熱。它變得越熾熱，你的大樂覺受就越強大。

短阿字被風息熾燃得如此猛烈，以致於拙火爆燃，在中脈之內向上燃燒三、四英吋。之前的火焰是微小的，而且只維持一剎那；此時，火焰是強烈的，不會消減。由於拙火的光燦，你可以從你的姿勢看見整個身體在臍輪之內。充滿大樂的暖熱在中脈內向上激射，並且自然而然地刺激其他的脈輪。位於諸脈輪上的種子字都將融化進入充滿大樂的昆達里尼甘露之中。

把你的專注力維持在熾燃的短阿字之內。只要你感覺舒適，就盡可能地持氣。接著呼氣，想像所有的風息在中脈之內向上激射。體驗大樂。現在，微微地緊縮下面的肌肉。此舉如同添加大樂：你體驗到更多的大樂能量和更多的暖熱。

重複這個過程。吸入新鮮的空氣，下壓，緊縮下面的肌肉，同時深入觀察短阿字。上下風息如同磁鐵般被引攝進入短阿字。

上下風息在短阿字周圍旋繞，促使拙火熾盛燃燒，生起不可思議的暖熱。所生起的暖熱越多，你在心輪、喉輪和頂輪所感受到的反應就越多。感覺「吽」字在心間震動；它即將融化。在喉間的「嗡」字，以及在頭頂的「吭」字也有一些反應。充滿大樂的昆達里尼將要從這些脈輪滴下。

每一個能量的動作都鼓舞你的心識去和大樂、去和宇宙實相融合為一。你對於自己即是短阿字的覺察越是深入，就越能認知圓滿實相。你的心識超越粗重的概念，變得細微、明澈和深刻。

記住，你成為嘿魯嘎，但是體內卻仍然流動著凡俗的能量，這是不可能的。你的整個虹光身充滿了暖熱、昆達里尼和大樂。你完全地覺察、極為清明，而這種細微的覺察觸及了宇宙實相。

🌱 融降

再一次修持寶瓶氣。宇宙的風息能量從各個方向被引攝進入短阿字，促使它生起超級暖熱。來自左右兩條側脈、誤入歧途的負面能量不再運作。這些負面的風息被消融，新鮮、正面的能量在中脈內生起。感覺風息能量的新動作進入你的臍輪。這個新鮮的風息能量是拙火暖熱的來源，能夠增強拙火，並且融化昆達里尼。

用深入的覺察來專注於短阿字。拙火爆發成為火焰，一路熾燃到你的心輪，帶來大量的大樂。火焰環繞你心間的藍色吽字三次，然後心輪和吽字變得超級熾熱。心輪充滿了大樂的昆達里尼，並且從吽字和月輪向下流動，從吽字的頂端滴到短阿字之上。這有如把液態的奶油傾倒在火焰之上。拙火隨著高熱爆發。

你的整個神經系統成為火焰。結果，這種暖熱的爆發甚至促使更多的昆達里尼向下流動。

堅實的概念自然而然地泯滅。安住在這種全然的滿足之中。你正在觸及實相，同時你正在體驗大樂。充滿大樂的能量爆發成為無二智慧的深刻覺察，你觸及之前從未觸及的宇宙實相。

你甚至可能體驗到四大元素消融瓦解之後所出現的白色、紅色和黑色的景象。這是這個過程的一個自然的部分，因此只要放下即可。任何顯現的景象將幫助你瓦解堅實的概念。當更多的風息進入中脈，你的執著將會消失。你會超越自我和自艾自憐。觸及實相。

再一次地從事寶瓶氣。把上方的風息往下引帶，感覺位於臍輪的能量和大樂。把下方的能量向上引帶。反應是如此的強烈，拙火爆發成為火焰。這一次，拙火向上熾燃超過心輪，觸及喉輪，並且在喉輪引生大樂。拙火的熾焰充滿喉輪。火焰環繞「嗡」字三次，使喉輪極為熾熱。充滿大樂的昆達里尼從喉輪滴下，通過心輪，到達短阿字，使得火焰更加熾熱強盛。

再度吸氣。拙火如此強烈地爆發，在中脈內向上熾燃，通過心輪和喉輪，觸及頂輪，並且在頂輪生起強烈的大樂和無二的明光本質。

種子字「吭」融化，不可思議地充滿大樂的昆達里尼向下流至喉輪。喉輪充滿了昆達里尼──白色男性能量和紅色女性能量的合一，並且體驗到不可思議的大樂。接著，充滿大樂的能量向下流至心輪，並且充滿心輪。隨著心輪充盈，你將大樂與無二融合為一。

最後，昆達里尼向下流至位於臍輪的短阿字。拙火無限制地爆發，充滿大樂的暖熱從腳尖到頭頂地充滿你整個嘿魯嘎的身相。風息隨著暖熱流動，把昆達里尼送達你的全身。你完全充滿了大樂。感受不可思議的歡悅，並且盡可能地與無二智慧結合為一。不要智識化，只要保持覺察。能量的每一個動作都在幫助你的心識去結合大樂和宇宙實相。

暖熱的強度促使風息強力地進入中脈，因而引生出更大的暖熱與大樂。你生起越多的暖熱，心輪、喉輪和頂輪的反應就越強烈。這促使更多的昆達里尼向下流動，引生更多的大樂。不可思議地充滿大樂的昆達里尼流動下來。所有的脈輪都活躍起來，尤其是臍輪。在臍輪，你保持自己與短阿字融合為一的強烈覺察。

殊勝融降

把專注力集中在短阿字上；你就是短阿字。再一次從事寶瓶氣。吸入空氣，下壓，把上方的風息持於臍輪，如此可以和下方的風息相結合，全都融攝進入短阿字之中，產生不可思議的暖熱。一股特別強大的、來自下方脈輪的風息增益活躍短阿字。

即使短阿字本身是非常微小的，但它的暖熱是如此的強烈，因而活躍了上方的脈輪。大量充滿大樂的甘露從心間流下，使得位於臍輪的火焰燃熾，爆發進入中脈。拙火一路向上至心輪，使其充滿拙火之熾焰。拙火甚至爆發至喉輪，使其充滿熾焰。頂輪也充滿了熾焰。在此同時，昆達里尼向下流動，更加增強了從短阿字爆發出來的暖熱。

拙火從你的臍輪一路向下熾燃至你的雙足。你的整個嘿魯嘎

的身相遍滿拙火之烈焰。你所有的脈與脈輪都充滿了拙火之熾焰。在此同時，你完全與短阿字合而為一。

彷彿你擁有神通般的覺察一般，你明晰地遍見所有的脈輪。由於你的本尊身是一團熾燃的拙火，你與拙火是合一的，因此你能夠毫無障礙地看見整個宇宙實相。你強烈的大樂覺察到無二的智慧。你的整個身體體驗到大樂，對無二生起強烈的覺察。

接下來，觀想拙火的烈焰從眉心輪和右鼻孔噴發出來，如同閃電一般進入宇宙之中。它觸及所有聖眾和十方諸佛菩薩，尤其是偉大的傳承上師帝洛巴、那洛巴、瑪爾巴、密勒日巴、岡波巴和偉大的瑜伽士宗喀巴。

火焰從他們的左鼻孔進入他們的身體，觸及他們的四個脈輪，融化他們的昆達里尼。這個充滿大樂的能量從他們的右鼻孔射出，再從你的左鼻孔進入你的身體。他們所有無上的大樂能量進入你的頂輪、喉輪、心輪和臍輪，生起大樂的拙火暖熱。你體驗到至極的大樂：充滿大樂的脈輪、充滿大樂的諸脈、充滿大樂的每一件事物。

不要智識化。只要覺察到種種覺受，並且放下。當觀察短阿字的時候，一再地修持寶瓶氣和這四種觀想。

我們現在以初始發心來進行迴向：「願一切有情眾生發現充滿大樂的脈與脈輪，願充滿大樂的風息進入中脈。願他們全都透過在中脈之內生起拙火，而獲得充滿大樂之昆達里尼的覺受。願一切有情眾生都因此而獲得圓滿之幻身與明光智慧。」

第十八章
福與禍

❦切勿智識化

　　拙火瑜伽不是某種智識的事物。無論我對你談論了多少關於拙火瑜伽的事情，在你親身體驗到拙火之前，這些也不過只是語言文字罷了。只要去修法，就能夠有所成。在你修行的過程當中，你的覺受將帶領你，如此一來，你會明白什麼是危險的，什麼是安全的。

　　切勿勉強任何事情。如宗喀巴大師所解釋的，過多的蠻力會導致風息失調錯亂，干擾了諸脈與風息。輕柔地從事寶瓶氣，並且觀修短阿字。只要覺察正在發生的事情，並且放下。到了某個時候，這個過程將會自然而然地發生。

　　你不必去執著或智識化。體驗對短阿字的深刻覺察，不去擔憂過去、現在或未來，不去掛慮是非對錯、存在或不存在。不去智識化，只安住在深刻覺察的狀態之中。事實上，拙火瑜伽不允許你去智識化。當然，剛開始你必須運用智識來建立拙火，但是你會達到停止智識遊戲的境界。你只是放下，讓自己去體驗。這個時候，你就是在建立真正的拙火。

　　深入地觀修短阿字是基礎的修法，但是為了促使風息強力地

進入中脈，你必須去修持專門的拙火瑜伽。剛開始，你可能會發現它們有點困難，但是到了最後，你將不需要花費任何力氣。你將會驚訝地發現，你正在毫不費力地從事拙火瑜伽。

然而，當你的專注力、大樂和明晰皆堅固穩定的時候，你就不需要去使用這些專門的修法。在那些時候，你只要放下，並且觀修即可。當你可以自然而然、毫不費力地運用寶瓶氣，把風息持於臍輪的時候，風息將自然而然地在中脈之內生起拙火熾焰。醉人的歡悅將會自然地生起，昆達里尼將會流動，你將體驗到大樂——不只是在脈與脈輪之中，也遍及你的全身。大樂能量的每一個動作都將是充滿大樂的。你將不必施壓或從事任何特殊的呼吸。每一件事物都將自然而然地發生。繼續你的修持，直到你達到那樣的境界。

❧ 拙火暖熱與尋常暖熱

正確的拙火瑜伽肯定會引生暖熱。如果你運用經驗豐富的西藏喇嘛所傳授的這些修法技巧，拙火暖熱將會毫無疑問地到來。暖熱不可能不到來。

真正的拙火暖熱來自專注力融化中脈內的昆達里尼。這引生了大樂。而這大樂被用來了悟無二。大樂與無二智慧雙運斷除了執妄和自我衝突。我們沒有竹子、松木或橄欖樹來做為我們內在的燃料，但是我們確實擁有大量的自我垃圾和執妄。拙火的主要功能就是去燃盡我們所有的迷惑和執妄，讓無執妄的自生大樂智慧得以茁壯。

所有無用的能量都被拙火燃盡，僅僅留下有用的能量。我們

的禪修促使大量的能量被融攝進入中脈，進而自然而然地吸引來自其他諸脈的所有垃圾。一旦進入中脈，這些負面的能量都被轉化改善，不再對我們造成傷害。

宗喀巴大師解釋，真正的拙火暖熱開始得非常柔和；那暖熱非常的細微，始於身體的深處。它也是非常猛厲的暖熱。雖然藏文用「猛厲」來形容拙火暖熱的特質，但卻不是指一般的猛厲。暖熱應該要柔和，應該要緩慢而廣大地生起。拙火應該具備「地大」的堅實特質、「火大」的暖熱特質、「水大」的柔順特質、「風大」的輕柔流動的特質。

然而，拙火瑜伽不應該只產生暖熱，也要在正確的位置產生暖熱。如我所提及的，真正的拙火暖熱應該從身體深處生起。當你觀想短阿字比較靠近脊椎的時候，這就會發生。大樂也從體內深處生起。舉例來說，從皮膚與肌肉之間生起的大量暖熱，是尋常的拙火暖熱，不是我們想要產生的暖熱。它沒有用處。皮膚會感覺疼痛，摸起來非常熾熱。許多年前，當我首次嘗試修持拙火瑜伽的時候，我有這樣的經驗。即使走到陽光下一會兒，也令人感到不可置信地痛楚，如同置身火焰或滾水之中。

尋常的拙火暖熱是短暫而不穩定的。它來來去去，會在各種不同的地方燃起。在皮膚與肌肉之間生起，只是一個例子。尋常的拙火暖熱是非常痛楚且令人感到不適的。它會使人生病。當你不正確地修持拙火的時候，整個過程可能會變得危險。相反的，你會感到痛苦而非大樂。但是，如果你有一些不好的經驗，不要心灰意冷；至少你可以從錯誤中學習。

為了增長拙火暖熱，有時候你可以想像整個身體變成中脈。

然後拙火生起，從頭到腳地遍及全身，彷彿你正在穿一件由火焰製成的衣服，或者置身在一個火帳棚之中。另一個技巧是去想像四個太陽，分別位於四方，散發出極為強烈的熱能。

此外，達賴喇嘛曾經告訴我，按壓肚臍下方有助於增長大樂與暖熱。即使這麼做可能會使你在某種程度上無法專注於寶瓶氣的修持，但是此舉有助於生起大樂與暖熱。當拙火暖熱生起的時候，你按壓肚臍下方，會使你感受到整個神經系統的歡悅，尤其是在頂輪。內在暖熱的運動總是和頂輪有所關聯。

拙火的大樂始於秘輪和臍輪，但是你應該把注意力集中在臍輪之上。不觀修臍輪，而去觀修其他脈輪，會更加迅速地帶來暖熱與大樂，但是這種迅速生起的暖熱不是正確的拙火暖熱。觀修臍輪是最好的。另一方面，為了增長大樂的能量，你有時候可以把短阿字移到秘輪，然後修持寶瓶氣。

儘管如此，重點仍然在於專注於一境地觀修短阿字，並且在中脈之內生起穩定的拙火。這個技巧最後會引生出自生大樂的覺受。

❦ 大樂與無二

當暖熱生起的時候，大樂也隨之生起。這乃是因為風息融攝的力量、短阿字的力量、專注的力量，以及明點在中脈之內融化的力量。當這些因素全都聚集在一起的時候，你就真的嘗到了巧克力。

在從事拙火瑜伽期間，重要的是去認清任何生起的暖熱本質乃是大樂——事實上，去認清任何身心之感受的本質乃是大樂。

你也應該認清大樂之無二、明晰、光燦、通透無實，以及如映像般的本質，如此一來，大樂本身變成了無二智慧。此外，每當你體驗到無二的時候，你應該認清它充滿大樂的特質。

一旦我們感受到任何大樂，我們應該努力去生起無二智慧。從最初，這一點就是重要的。這個大樂本身應該被消化、被轉化成為智慧。大樂變成智慧，智慧變成大樂。否則，覺受變成尋常的歡悅，貪欲和執妄的爆發。如果我們積極地建立大樂與無二的雙運，就不會有發生這種情況的危險。

如果你沒有強烈地理解「大樂缺乏自我存在」這一點，那麼當你不在座上修持的時候，會體驗到難以抵抗的貪欲的危險。每當你睜開雙眼，許多對境將會如磁鐵一般吸引你，因為你的貪欲生起了。如果拙火瑜伽使你產生越來越多的貪欲，你將變得緊張、挫折和充滿壓力。

當我們體驗到任何歡悅的時候，我們通常會執著於它，我們的心變得黑暗、不知所措和失去控制。我們的歡悅變成了一個阻礙我們的障礙，如同一堵牆一般；它是如此地堅實，使我們無法看到牆之後的事物。

之所以會發生這種情況，乃是因為我們不了解存在之無二本質。沒有這種理解，拙火瑜伽會產生巨大的感官能量。如果我們不小心謹慎，沒有把能量導入正軌，拙火會製造大量的貪欲。

然而，這不意味著我們不應該擁有歡樂。我們應該擁有歡樂！我們可以擁有不可思議的歡樂，但是它必須被控制，如此一來，它就能夠被轉化成為清淨無染的深刻智慧。對人類而言，去體驗歡悅是好的，但是沒有用智慧去體驗它，則是錯誤的。密續

獨一無二的特質在於，它總是結合男性的大樂能量和女性的智慧能量。這兩種能量必須總是雙生雙運。我們必須努力確定這一點，因為這麼長久以來，這不曾是我們的習慣。

記住，正確的拙火應該帶來大樂與無二智慧的雙運。忘記這一點是危險的，因為拙火瑜伽是非常敏銳的技巧。某些事物肯定會發生，如果不是好事，那麼肯定會是壞事。

☙ 失控的昆達里尼

根據宗喀巴大師的說法，為了有效地融化位於頂輪的昆達里尼，必須點燃臍輪和秘輪的拙火，而且風息必須融攝入中脈之內。這為瑜伽士或瑜伽女帶來四喜的覺受。

宗喀巴大師指出，尋常人的風息即使沒有進入中脈，但是當臍輪和秘輪受到刺激的時候，也能夠體驗到昆達里尼的融化。這即是引發性高潮的原因。在修法期間，有些人體驗到這種失控的昆達里尼之流。僅僅從事寶瓶氣的修法，他們就能夠體驗到拙火的熾燃和昆達里尼的融化。充滿大樂的昆達里尼似乎來自四面八方，如同降雨一般。當這個情況發生的時候，有失去控制昆達里尼能量的危險。舉例來說，男人會遺精。

宗喀巴大師說，讓昆達里尼失去控制地流動是不好的。在早晨從事拙火瑜伽，在下午隨意地讓昆達里尼流動，是不正確的。這麼做會助長凡俗肉體欲望的危險。

由於昆達里尼是我們修持拙火瑜伽所使用的主要資源，因此對男性和女性而言，不漏失他們的性能量是重要的。很自然地對於初學者而言，我們會發現，當我們強烈地體驗到性能量的時

候，要去控制它是困難的；我們的定力有限，尚未學習如何去把風息引入中脈。

如宗喀巴大師所解釋的，在修法期間，漏失過多昆達里尼的能量是不好的，但是偶爾漏失一點點是自然的現象。不要驚慌，也不要有如此的想法：「喔，我漏失了一些昆達里尼能量。現在我已經違犯了誓戒。」當你是一個初學者的時候，你有時候會漏失昆達里尼明點。切勿擔憂。我有時候也會漏失昆達里尼明點，對此我不掛慮。

在你修法期間，漏失一小滴明點，不會造成真正的損害或失去力量。不會讓你無法產生昆達里尼。然而，從性交或在睡眠之中體驗到性高潮，將會使你失去並損害你的力量。你可以從自身的經驗中發現到這一點。當你在修法期間，你流失大量的昆達里尼能量，其要點不在於你違逆了誓戒，而在於你失去了昆達里尼的力量。哈達瑜伽功法和定力將有助於發展你的駕馭力。

即使在一般的性高潮之中，控制昆達里尼能量也是重要的。如果你無法控制能量，你就無法達到完美的性高潮。事實在於，如果我們失去能量，就沒有能量可資運用。為了運用能量，我們需要能量。如果我們沒有能量，我們就無法使用它。這是合乎邏輯的，你可以從你自身的經驗清楚地看到這一點。當你入定，而且控制你的能量的時候，你可以體驗到更多的大樂，然後把大樂與無二之智慧融合為一。

如果在修法期間，昆達里尼開始失控地流動，你開始體驗到高潮，那麼盡可能地去把持它，讓它在秘輪之內擴張。盡可能地去持守這個能量。你能夠持守地越久，你所體驗到的歡悅就越

多，你運用這種歡悅，把它和無二之宇宙實相融合為一的機會就越大。如此一來，你可以學習去控制你的身體，也可以駕馭你的心靈。

此外，在一般的性高潮期間，從男性的性器官出來的精子不是源自中脈。對於男性和女性而言，從一般性經驗所體驗的能量和大樂，都不是源自中脈。你應該清楚明白這一點。一般性高潮所產生的大樂，乃是昆達里尼觸及中脈外部所產生的。

就密續瑜伽的邏輯而言，如果昆達里尼觸及中脈外部就能夠產生這種大樂，那麼毫無疑問的，當昆達里尼在中脈內流動的時候，將生起不可思議之大樂。把所有的風息引入中脈，能夠生起無與倫比之至極大樂的覺受。

把風息牽引至中脈，並且生起這種大樂，主要是透過定力來達成。因此，過著常人的生活而失去昆達里尼能量的在家眾，只要在修持拙火瑜伽期間能夠維持穩固的定力，仍然能夠成就拙火瑜伽的修持。這是合乎邏輯的。自然地，那些定力微弱、以同樣的方式失去能量的人，將會發現去生起強烈的大樂能量是困難的。

在風息融攝入中脈之前，即體驗到昆達里尼失去控制地漏失的修行者，必須記得在完全失去控制之前，把能量往上帶回中脈之內。宗喀巴大師指出，缺乏穩固定力的修行者會發現，昆達里尼越往下流動就越難以控制，尤其當它流到臍輪以下，更難以控制。

覺察什麼時候你必須開始逆轉能量的流動方向是重要的。你不只必須把這個能量往上引帶，也必須把它帶至整個神經系統。

如果能量在任何一個地方變得阻滯，會是危險的，並且會引發疾病。宗喀巴大師是根據自身的經驗而給予這個忠告，因此你應該試著去了解他為什麼說這些話。

噶舉派教導許多不同的技巧來逆轉向下流動的能量，但是宗喀巴大師在《俱信論》之中只提及一種技巧。觀想自己是本尊，採取蓮花坐姿，頭部微微向前傾。雙手以金剛拳的姿勢放在胸前，雙掌朝內，兩隻食指向上伸直並且碰觸在一起，形成一個三角形。你的雙眼上翻，向上凝視，幫助你把中脈內的能量向上引帶。你的心識不使用眼睛的感官（即「眼處」）；觀修位於頂輪的「吭」字。

把自己用力地往上拉，甚至把腳趾頭屈曲起來。微微吸氣，把焦點集中在「吭」字之上，重複念誦種子字「吽」二十一次。你感覺到能量一路向下連結；你覺察到你的秘輪。當你一再地念誦「吽」字的時候，你感覺到能量向上回升。你努力地持定，維持下方肌肉的緊繃。你的身體如同一只氣球一般空虛，你可以任意指揮能量。把所有的昆達里尼從秘輪向上引帶，並且把它散佈至臍輪、心輪、喉輪和頂輪。從那裡，你把昆達里尼散佈至全身。

另一個技巧是去觀想拙火向下移動，把昆達里尼向上推，如同你煮水的時候，熱力把水往上推一般。一波波充滿大樂的能量上行至心輪，並且充滿心輪。接著大樂的波浪繼續上行至喉輪、頂輪和眉心輪，並且充滿這些脈輪。

偉大的瑜伽士帕彭卡仁波切在關於如意度母之圓滿次第的論著中，提出了以下的修法技巧來協助處理失控的昆達里尼。當充

滿大樂的白色甘露被拙火融化，一路向下到臍輪，充滿所有的脈
輪，並且在它流到秘輪之前，觀想它走至左右兩條側脈，進而充
滿整個神經系統的所有諸脈。帕彭卡仁波切提出了這個修持如意
度母的簡易方法，我們在此處也可以加以運用。

　　有時候在修持拙火瑜伽期間，大樂的覺受將使你的身體震
動；這是風息能量在體內移動的緣故。你不應該有這種情況一定
要發生的想法。在剛開始，身體出現不穩定的情況是可以接受
的，但是不要成為一種習慣，因為這可能會是危險的。你的心識
對風息的移動有所反應，如同一架處於亂流中的飛機一般；因
此，只要風息在移動，你的心識就會受到干擾。拙火之大樂和昆
達里尼能量的移動應該是輕柔、充滿大樂、平靜寧和、受到控制
和細微的。

❧ 神通的體驗

　　《時輪密續》說道，昆達里尼明點含有淨土和地獄，以及六
道輪迴的所有習氣。拙火瑜伽真的會震撼我們的整個神經系統和
我們對於實相的見地。我們不想要在我們的神經系統之內擁有下
三道的能量，彷彿它坐在那裡等待我們死亡一般。我們想要撼動
它，並且把它帶到臍輪。當我們真的這麼做的時候，我們可能會
突然看見地獄；我們可能會突然置身地獄之中。

　　由於整個宇宙能量都在我們細微的神經系統之內，因此在修
法期間，從中化現出淨土與地獄的覺受是可能的。所有傳承的喇
嘛都同意，修行者在從事拙火瑜伽期間，可能會突然看見這些景

象，彷彿他們在作夢一般。如此的覺受類似神通，但是它們不是真的天眼通。你是進入一個有神通能量的領域，因此你突然獲得類似神通的力量。儘管如此，你仍然缺乏專注於一境（止）的定力，因此不要太過興奮。你尚未獲得天眼通。

有時候，你或許能夠洞悉別人的心思。不論我們稱它為神通與否，顯而易見的，當你變得更加覺察自己心的本質，你將對其他人的心更加敏銳。你將能夠隨著自己發展的層次，來洞悉其他人的心靈。這不是什麼不尋常的事情。不要因為你擁有一些良好的覺受，就去認為你擁有真正的神通力量，也不要對任何人吹噓。你應該控制你的嘴巴。

然而，由於臍輪也被稱為「神通輪」，因此如果你想要發展洞悉別人心思的神通，你應該努力修持拙火瑜伽。過去的瑜伽士指出，神通覺受會出現。他們這麼說不是為了吸引你的興趣。他們也建議，當這些神通覺受開始出現的時候，要小心謹慎。

你可能會清楚地看見你的整個神經系統，如同在看電視一般。或者你會看到不同的顏色；每一個不同的風息能量都擁有各自特殊的顏色，因此這是正常的❶。風息進入中脈，你觸及無二之覺察，如此的景象會自然而然地生起。

當四大元素融攝的時候，你或許會體驗到各種景象，例如海市蜃樓、煙、火花或即將熄滅的蠟燭。有時候，你可能會看到空行、空行母或淨土。你甚至可能會看到五部佛而心想：「哇，五部佛！我現在一定已經證得了他們所有的功德！」如此看見這些佛是可能的。

這些景象可能會令人分心，但是保持冷靜。對它們保持覺

察，不要給予任何特別的注意力。這類似和其他人一起共修。雖然你沒有特別注意團體中的其他人，但是當某一個人移動或做某些事情的時候，你覺察到這種情況。同樣的，對短阿字保持覺察，不論發生了什麼事情，只要輕鬆以對。

看見好的和壞的不可思議的景象是可能的。當你看到壞的景象的時候，不要感到憂鬱。預期你的修行會碰到干擾障礙是重要的。認清即使是壞的景象也是好的，因為它們是你修行有成的徵兆。從事強而有力的除障修法，密集地觀修空性，乃是對治所有干擾障礙的解藥。

許多喇嘛提及，當你修持拙火瑜伽的時候，你或許會經歷一些問題，例如憂鬱沮喪。雖然宗喀巴大師在《俱信論》之中沒有提到這一點，但這是可能的。你或許期望拙火瑜伽只會帶來大樂，但是有時候困難確實會現前。

當你的心感到煩悶不樂的時候，這個簡單的修法或許有幫助：自然地呼吸。當你呼氣的時候，感覺你的心和澄明的宇宙虛空合而為一。專注於這個澄明的宇宙虛空。有時候，這個修法是有助益的。

只要放下

當你觀修拙火的時候，出乎意料的覺受會發生。有時候，是令人感到痛苦的；有時候，是充滿至極大樂的。拙火是一個非常敏銳的法門。

舉例來說，你或許會體驗到不可思議的大樂突然爆發。你或許會認為：「喔，這不應該發生。我應該觀修短阿字，而非感受

到大樂。我被大樂分心了。這可不好！」或者你看到一個如水晶般明澈的實相。你或許會想：「這是什麼？我不應該體驗到這個。我應該更加專注於短阿字。」你不應該如此智識化。

有時候，你會感受到在肚臍底下有一種單純原始的感覺，或覺察到某些具體的能量或一個三角形。這些情況都只是我的猜測。或者你可能會體驗到某種麻木的感受；你失去觀修的明晰，進入了黑暗。這類似能量融攝的一個階段；你可以輕易地想像這種情況，因為一般的性高潮也會帶來能量融攝的體驗。不要驚慌失措並且心想：「這是錯誤的。我應該觀修拙火。」只要冷靜沉著。維持你對短阿字的基本覺察，當這些不同的覺受發生的時候，只要放下即可。

另一些時候，你可能會感覺到非常清淨，並且心想：「現在我一定處於十地菩薩的初地階段。」這僅僅是你的想像，不是真實的。當你擁有良好的禪修的時候，你或許會覺得你是特別的，但是不要高估自己。抱持著「我是一個正在經歷強烈覺受的偉大禪修者」的念頭來修持拙火瑜伽，是一種自我的症狀。當我們修法的時候，會發生許多事情，因此要小心謹慎。我擔憂人類的心靈；我們總是有期待，而我們的期望就是個問題。我們很少能夠有理性。

有時候，糟糕的感受會生起，而你將會認為：「這太過火了！我不想要再修法了。」當拙火瑜伽變成一個沉重的負擔的時候，回到「道次第」，觀修你殊勝難得的人身。當你做了觀修之後，你會發現用你的一生來從事禪修是最好的事情。如此一來，道次第的觀修成為你修持那洛六瑜伽的支柱。

　　如果你體驗到無二之無念智慧，不要心想：「我的拙火瑜伽怎麼了？我的短阿字和我的脈輪怎麼了？」不要擔心。只要放下。在你從事修法的時候，你有時候按對了按鈕，因而體驗到無二的至極覺察。如果你擔憂失去了對拙火的觀修，你將摧毀這種覺受。此外，當你開始從事拙火瑜伽的時候，如果充滿大樂的能量突然生起，心想「喔，不！我要通紅熾熱的拙火。我不要大樂。」是錯誤的。

　　你應該把生起之大樂與無二融合為一。然而，當你強調無二的時候，大樂似乎會縮小。讓我們這麼說吧。你正在體驗某種程度的明澈大樂能量，一個大樂之球。當你把焦點集中在無二之上的時候，你的大樂之球變得比較小，但是這沒有關係。只要放下即可。

　　拙火也是如此。強調拙火的無二，會使拙火變輕變小，而非變強變得具體。當你持續放下，專注於無二的時候，拙火變得越來越小，直到最後只剩下非常細微的拙火。在某些時候，連這種細微之火都會消失。在這個時候，修持寶瓶氣或任何你用來生起大樂的技巧來強調大樂。當你按對了按鈕，大樂之球將會再度脹滿。

　　當大樂和無二強烈地融合為一的時候，你要放下。任何充滿大樂的能量生起，你只要放下。當無二的能量減弱的時候，放更多的能量在無二之上。你將仍然擁有充滿大樂的能量，但是它將變少，而且更加細微。只要放下。

　　在整個過程之中，不要忘記你對短阿字的根本而深入的覺察。不論發生了什麼事情，只要放下。禪修是一種存在的狀態。

你不能有期望。每一次修法都是獨一無二的，一個新的體驗。在諸如拙火等修法之中，放下是非常重要的。智識的聰穎是不會起作用的；它只會讓你錯失極為寶貴的覺受。

我們的問題在於，我們常常拒絕寶貴的覺受，因為我們不懂得它們的價值。舉例來說，當你體驗到大樂與空性雙運，短阿字從你的定境中消失的時候，你或許會想：「我的短阿字怎麼了？我應不應該放下？」當然你應該放下！對此，你必須清楚這一點。當你體驗到如此雙運的大樂的時候，誰會在乎短阿字是否消失了？

如我在最初所指出的，拙火瑜伽是重要的。它是所有證悟的基石。當你觀修拙火的時候，你正在使用一把開啟所有證悟之門的秘密鑰匙。傾聽你細微的心識覺受，並且放下。

原註：

❶持命氣是白色的；上行氣是紅色的；遍行氣是淺藍色的；火住氣是黃綠色的；下行氣是黃色的。

第十九章
自生大樂智慧

使風息進入、穩定和融攝

　　成就拙火瑜伽促使所有的風息首先進入中脈，然後在其中穩定下來，最後融攝於其中。

　　什麼是風息的能量已經進入中脈的徵兆？一般來說，從兩個鼻孔出入的氣息有強弱之分，有時候從右鼻孔出入的氣息比較強，有時候從左鼻孔出入的氣息比較弱。然而，一旦風息進入中脈，從兩個鼻孔出入的氣息之強弱就會變得均勻。宗喀巴大師說，即使我們已經獲得了能量已經進入中脈的訊號，我們應該持續修法，直到這個過程毫不費力地發生為止。

　　然而，即使當我們的定力達到專注於一境的地步，風息也已經毫不費力地進入中脈，我們仍然需要擴張我們的覺受，直到風息變得穩定，完全融攝入中脈為止。

　　什麼是風息已經穩定的徵兆？當能量在中脈內穩定下來的時候，我們的呼吸也變得細微而緩慢，透過鼻孔呼吸的動作會完全停止，腹部也會停止動作。這表示風息已經不在兩條側脈中流動。

　　從西方醫學的觀點來看，在這個時候，瑜伽士或瑜伽女被視

為死亡，因為他們的呼吸停止了。但是不要擔心！我們可以用許多其他的方式來把空氣帶入體內，舉例來說，包括透過身體的毛細孔和耳朵。西方醫師或許不知道這些現象，但是這種器官的呼吸卻是一個事實。

當瑜伽士和瑜伽女能夠駕馭他們內在的風息能量，並且能夠指揮它們進入中脈的時候，他們也能夠發展出控制外在風息能量的能力。我稍早所說關於宗喀巴大師進入禪定，熄滅了拉薩寺的酥油燈所引發的火災故事，即說明了這一點。西藏喇嘛相信，宗喀巴大師熄滅火燄的方法，具有深重的意義。如果我們成就拙火瑜伽，並且學習去控制我們的內在風息，我們也將能夠用我們的禪定來消滅火焰。我們也將能夠穿過堅固的物質，例如山峰。

這個過程的第三個階段是把風息能量融攝入中脈之內。等到風息進入中脈，並且穩定下來的時候，我們的定力和大樂將會非常強而有力。然後能量開始融攝，我們體驗到死亡時刻自然出現的消融次第。隨著四大元素的消融分解，我們體驗到海市蜃樓、煙、螢火和閃爍火焰等景象，繼之以白、紅、黑三景象，最後是明光。如此一來，我們把死亡過程的所有覺受帶入我們的生活之中。

對禪修者而言，當他們第一次體驗到能量的融攝而害怕自己正在死亡，是常見的事情。四大元素的消融帶有負面的含意，因為繼四大元素消融之後，死亡隨之而來。我們不想要任何與死亡有關的事物，對不對？但是瑜伽士或瑜伽女卻把這種體驗帶到日常生活之中，並且把它轉化成為充滿大樂的事物。

四大元素的消融，以及堅實、二元分立的概念根除，爆發出

無二之智慧。這不僅僅是對於空性的智識體驗。感官覺知已經被
調伏，不再攀緣外境。瑜伽士或瑜伽女的身體完全無法移動。他
們風息融攝的覺受越強烈，他們對於無二的理解就越深刻。

　　最後，他們經歷白色、紅色、黑色三景象，並且達到明光之
最細微心識。這是一個自然的過程。即使在性高潮期間，也會經
歷某種程度的白、紅、黑三景象，以及明光之最細微心識。問題
在於，我們沒有覺察到它們。我們確實擁有這種覺受，但是我們
肯定沒有用正確的方式來利用它們。當我們正確地使用它們的時
候，我們能夠生起自生大樂智慧之恆久滿足。

四喜

　　我們的目標，我們的目的是去體驗自生大樂，並且把它與智
慧雙運。大樂有許多層次，但是我們想要的是圓滿次第之大樂覺
受；在這個次第之中，風息已經進入、穩定、完全融攝於中脈之
內。拙火的力量和風息融攝的力量，促使位於頂輪的昆達里尼開
始融化。它緩慢地在中脈向下流動，流經喉輪、心輪、臍輪和頂
秘輪。成功地把昆達里尼順著中脈流經這四個脈輪，能夠生起四
喜。第四喜即是自生大樂之覺受。

　　這種大樂是密續獨一無二的，沒有昆達里尼的能量就無法生
起。宗喀巴大師清楚指出這一點。

　　在無上瑜伽密續灌頂期間，我們首次聽聞昆達里尼能量的四
喜狀態。它們分別是初喜、勝喜、離喜、自生喜。在灌頂期間，
我們只是想像這四喜之狀態，但是透過拙火瑜伽，我們確實能夠
體驗到四喜。

　　生起四喜的整個過程始於深入觀修短阿字。此舉能夠生起拙火，進而促使風息進入中脈，並且穩定、融攝入中脈。宗喀巴大師說，拙火必須在臍輪和秘輪引燃。這促使位於頂輪的昆達里尼開始融化，順著中脈緩慢地向下流動。宗喀巴大師指出，由於風息融攝的力量之故，昆達里尼流動緩慢是自然的。延長能量流降的速度是我們所要的。

　　你的頂輪被賦予能量，你的整個腦部充滿大樂。昆達里尼如蜂蜜一般向下流到你的喉輪，你感受到初喜。你的喉輪充滿了大樂。深入喉輪，把能量持於此處，感受大樂與無二智慧雙運。

　　接著，昆達里尼慢慢地從喉輪流到位於心輪的種子字「吽」，並且於此處生起「勝喜」。同樣的，安住於此處，體驗這種特殊的喜樂，並且使其與智慧雙運。

　　慢慢地，結合男性和女性能量的昆達里尼向下流動至位臍輪的短阿字，並於此處生起「離喜」。懷著這種喜樂的心，觀修空性。感受到你觸及了圓滿證悟之宇宙實相。

　　從充滿大樂的臍輪，昆達里尼能量向下流動至秘輪和中秘輪，使其充滿了大樂之昆達里尼。漸漸地，充滿大樂的昆達里尼能量抵達頂秘輪，生起「自生喜」。這第四喜，乃是至極大樂。這種自生大樂完全與無二融合為一，並且成為空性之智慧、明光之覺受。

　　對於一個具格的修行者而言，一旦風息進入中脈，並且穩定、融攝入中脈，昆達里尼已經融化，一路向下流至頂秘輪，就不可能漏失昆達里尼明點。因為在身體內流動的風息已經被融攝，因此沒有任何事物可以把昆達里尼推出體外。

去了解宗喀巴大師對於這一點的看法是重要的。瑜伽士或瑜伽女擁有定力，因此具有駕馭力，進而確保昆達里尼會適當地流動。當昆達里尼的能量順著中脈緩慢地向下流動的時候，四喜之甚深大樂覺受肯定會生起。當昆達里尼抵達頂秘輪的時候，便生起了圓滿次第之自生大樂。

在別處有解釋，四大元素消融之後，當昆達里尼的能量進入秘輪的時候，白色的景象顯現。當昆達里尼抵達中秘輪的時候，紅色的景象顯現。就在昆達里尼抵達頂秘輪之前，黑色的景象顯現。最後，當昆達里尼進入頂秘輪的時候，瑜伽士或瑜伽女體驗到圓滿之明光。

在體驗了四喜之後，你把能量順著中脈一路向上引帶，以相反的次序來體驗四喜。你從頂秘輪把能量帶至珠寶輪、秘輪、臍輪、心輪，然後喉輪。在每一個階段，你觀修持續增長的大樂。最後，昆達里尼抵達頂輪，使其完全充滿大樂的能量。你的心盈滿了無二之強烈覺察。你發現了全然的滿足。在這個反方向的過程之中，大樂的覺受甚至比昆達里尼向下流動更加強烈。

❧ 自生大樂智慧

現在，風息已經進入中脈，並且穩定、融攝入中脈。瑜伽士和瑜伽女已經體驗了四喜。由於所有的執妄已經停止運作，我們可以說，他們正在體驗無念之智慧。但是從哲學的觀點來看，當他們首度停止這些執妄所體驗到的明光智慧狀態，仍然是充滿概念的，因為這種明光智慧的狀態尚未完全擁抱無二之本質。這情況有如行者和實相之間有一層薄絲一般。因此，在這個最初的明

光覺受之後，瑜伽士和瑜伽女必須繼續修行，直到他們證得最細微的明光為止。然而從另一個觀點來看，我們可以說他們體驗了一個沒有概念的心，因為在那個時候，八十種執妄已經被斬斷，他們進入了一個全然平靜的狀態。

這種自生大樂與空性智慧雙運的覺受是無可比擬的。經乘的空性智慧覺受，無法和這種細微心識擁抱無二之覺受相比擬。粗重的心識被執妄緊緊束縛，因此沒有讓細微心識運作的空間。拙火瑜伽根除所有粗重的概念，喚醒非常細微的明光心識——通常這是我們沒有觸及的部分——使其開始運作。

當你在這個過程中達到某種程度的大樂覺察時，放下是非常重要的。你必須停止智識化，並且試著去體驗深入的覺察，不帶任何充滿概念的念頭。噶舉派、寧瑪派、薩迦派和格魯派都同意這一點。所有的傳承也都強調發展無念之心。這意味著我們應該觀修心之無二本質。

執妄、常庸、幻想、二元分立的心，不是人心的真實本質。我們的心之本質是清淨無染如水晶一般的。我們把二元分立的幻想放在這個水晶之上，但是這些幻想永遠不會與我們的本質合而為一。我們的真實本質永遠是清淨的。這是充滿力量的。

我們的本質沒有臉、手臂、腿等世俗而相對的表象。在根本實相之內，沒有我執妄想的空間；它自動地消融了。證悟完全離於我執妄想，是一切有情眾生之宇宙真理。因此，放下，保持覺察，並且理解這個根本本質。

在此同時，試著去了解中觀對於空性的觀點：你的雙腿不是你、你的胃不是你、你的心不是你。不要認為你沒有空性的覺

受。「我甚至不知道『空性』這個字，更別說如何去觀修空性了。」就某種程度而言，我們都擁有明光的覺受。舉例來說，在死亡的時候，我們擁有明光的覺受；我們都已經死了許多次了。每天當你入睡的時候，你也體驗到明光；當你擁有性高潮的時候，你體驗到明光心。在這些時候，我執的心的堅實概念自然而然地瓦解。不把事物視為堅實的，就足以稱之為空性的覺受。

體驗強烈的無二覺察。進入情緒、執著和不慈的對境皆空無所有的境中。觸及這個根本實相，並且感受真理。它比你慣常的執迷更加真實。放下，如此一來，虛空便充滿了智慧、充滿了愛、充滿了喜樂。

思考大樂的無二本質，並且放下。如果你想要獲得正確的結果，那麼不要讓它轉變成為輪迴的歡悅。讓我試著去解釋它。假設你受到一個奇女子的吸引。突然之間，她在藍色的虛空中轉化成為虹光身。貪欲消失了。你和她之間的關係完全改變了。她在那裡，但是也不在那裡。有一種嶄新的覺察出現了。

同樣的，當你認清大樂是明澈而殊勝的無二智慧的時候，每一件事物都改變了。這種大樂不是具體的；它具有虹光的本質。當你把大樂與無二結合為一的時候，每一件事物都轉為光明。每一件事物都具有殊勝超凡的顯象，都變得如水晶一般清淨無染。

如果你強烈認同經乘理解空性的方式，那麼密續證悟空性的方式則幾乎像是一個娛樂消遣或干擾障礙。經乘用相當不同的語言來談論空性。它用一種否定的方式來詮釋空性，幾乎如同一種虛無主義的體驗。另一方面，在密續之中，你試圖對「雙運」擁有強烈的見地：每一件事物都轉為空性。然而，經乘和密續所描

述的空性，在本質上是沒有區別的。空性本身是相同的；但是談到空性的覺受時，則有極大的差異。

把大樂與無二之強烈覺察融合為一，帶來更多的光明、更多的燦亮、更多的明晰。大樂本身即是強烈的覺察，如同天空中的閃電一般。這種大樂是明澈的，如同一個映像、一道彩虹、一顆水晶。水晶是用來說明大樂與無二雙運的好例子。水晶本身是存在的，在此同時，它也反映、含納其他現象。大樂也包含每一件事物，並且反應其無二的本質。大樂本身變成明澈遍知的智慧能量，擁抱所有宇宙的現象。換句話說，大樂轉變成為智慧；它變成擁抱整個宇宙實相之明光。

這大樂是獨一無二的；它是一個超凡的覺受，沒有二取之世俗的堅實概念。尋常的歡悅通常會增加我們的執著，但是我們越體驗到這種大樂，我們就變得更加滿足，更少向外尋求。當你發現自己內在的蘋果時，就不會有興趣到其他的地方尋找蘋果。你的心不受到外在事物的干擾。由於你被自己內在的蘋果所吸引，能夠把你牽引到外在世界的二取執妄的作用減弱了。在心理上，你心滿意足。

當我們擁有充滿大樂的經驗時，我們通常試著去擁有它；我們不放手。我們認為：「這是我的，不是你的！」事實上，它是遍在的。你正在體驗某件事物，但是它甚至不是在你的體內發生。它在某處發生。我正在嘗試指出的重點是，你擁有覺受，但是你自己完全消失了。你體驗到它在虛空的某一處。這個覺受超越你的身體，超越你的擁有，超越你慣常的思路。這是非常重要，需要去了解的。相對的你消失了，你所體驗到的任何相對的

感官外境的印象也消失了。我們過度涉入於我的身體、我的東西、我的心輪。所有這些都必須融入空性之中。

　　基本上，我們必須結合大樂與無二。當我談論的時候，只是一個智識的概念，但是我希望你們對它產生一些覺受。去發現大樂之無二，去發現它缺乏真實的自我存在，這需要時間。我們需要大量的修行，大量的覺受。語言文字無法傳達真實的情況。結合大樂與無二的智慧非常深奧，是世界上最精微、最甚深的覺受。

　　持續修法，直到你的心達到如此的大樂與無二之狀態。最後你將體驗到通往金剛持果位的自生大樂智慧。

第二十章
成爲金剛持

❦ 與伴侶雙運

　　根據宗喀巴大師的說法，修行者具有下列的資格之後，就能夠修持與伴侶（明妃）雙運的法門：透過拙火瑜伽，他們已經圓滿地嫻熟風息進入中脈，並且穩定、融攝入中脈的三個次第；透過精通此一修行法門，以及風息融攝的力量，他們已經能夠完全控制昆達里尼的流動，因而體驗到自生大樂。接著為了增長四喜的覺受，瑜伽士或瑜伽女修持與伴侶雙運的法門。

　　另一方面，偉大的瑜伽士帕彭卡仁波切在關於如意度母的論著中解釋，當心輪開啟，昆達里尼流動的時候，瑜伽士或瑜伽女就能夠修持與伴侶雙運之法門。他的觀點是，在瑜伽士或瑜伽女開啟心輪的緊結之前，他們不應該修持與伴侶雙運的法門。換句話說，瑜伽士或瑜伽女不但要使風息融攝入中脈，也要等到風息開始融攝入心輪之後，才有資格修持與伴侶雙運的法門。在此之前即修持與伴侶雙運的法門，是一個錯誤的行為，也會導致行者墮入下三道。

　　現在，我想要和宗喀巴大師進行辯論。帕彭卡仁波切的觀點是，只有當風息融攝入心輪，開啟心輪的脈結之後，才有資格修

持與伴侶雙運的法門。然而，宗喀巴大師說，當風息進入中脈，並且穩定、融攝入中脈成為一個習慣性的覺受，並且能夠完全控制昆達里尼的流動的時候，瑜伽士或瑜伽女就能夠修持與伴侶雙運之法門。

　　我個人對於這兩個論點都不太清楚。對我而言，雖然如宗喀巴大師所說的，有可能風息已經進入中脈，並且穩定、融攝入中脈，但是心輪卻沒有開啟。在這種情況下，行者如何能夠具有修持與伴侶雙運之法門的資格？即使風息已經進入中脈，並且穩定、融攝入中脈，但是瑜伽士或瑜伽女仍然有可能不了解空性，因而無法修持與伴侶雙運的法門。思考這個論點。

　　為什麼伴侶是必要的？在這個時候，風息已經進入中脈，並且穩定、融攝入中脈。四大元素已經停止，瑜伽士或瑜伽女已經看見所有的景象。隨著昆達里尼的流動，他們已經體驗到四喜，並且獲得自生大樂之覺受，進而理解了無二。換句話說，他們已經超越了執著。既然他們已經體驗了自生大樂智慧，他們為什麼需要修持與伴侶雙運之法門？

　　重點在於，這種覺受是有層度之別的：風息融攝的層度、大樂的層度，以及了悟無二的層度。修持與伴侶雙運的法門，可以促使風息更加強烈地進入中脈，更加堅固地穩定融攝入中脈，進而生起更多的大樂。修持與伴侶雙運的法門的目的在於增長這些覺受，最後使風息完全融攝入心輪，並且生起全然的大樂，以及對無二之徹底了悟。到了這個時候，瑜伽士或瑜伽女可以依憑觀想的伴侶，並且開始鬆解心輪。他們需要一個空行或空行母的協助來完全打開心輪。為了生起全然大樂之覺受，男女行者必須互

相協助，把相合之能量帶入中脈。

關於伴侶修法，存在著許多迷惑，因此你應該清楚地了解佛教密續對於伴侶修法的觀點。與伴侶雙運所獲致的圓滿次第大樂覺受，是不可思議的。它超越表達，超越所有的概念，以及超越語言文字。與伴侶雙運是獲致證悟的無上妙法。事實上，具有修持伴侶資格的瑜伽士或瑜伽女，肯定能夠在那一生當中獲致證悟；他們將會證得金剛持的果位。

這也解釋了男性和女性行者都應該是具有資格的，而且也都應該具足等同的順緣和智力❶。當男女雙方都具有等同資格時，他們就能夠一起體驗到融攝。

帕彭卡仁波切也解釋，伴侶（明妃）應該由行者的本尊、上師或空行母所指示。他認為，在四種伴侶（明妃）之中，咒生伴侶（明妃）為最上；這意味著，某個人透過密續的修持而具備了成為伴侶的資格❷。

一旦瑜伽士或瑜伽女已經和伴侶體驗了大樂，每一次他們觀修空性，他們如實憶念這些覺受，並且直接進入充滿大樂的三摩地。這不像我們吃馬茲瑞拉起司的體驗：我們吃它一次就喜歡上它，但是之後我們需要再吃，才會享受到其中的樂趣。沒有真正地品嘗它，我們不會獲得滿足。然而，對於已經獲致某種證量的瑜伽士或瑜伽女而言，只要和伴侶有一次那樣的覺受就足夠了。僅僅透過憶念先前與世俗伴侶共同體驗的覺受，他們就能夠毫不費力地進入甚深三摩地，並且圓滿地體驗所有的融攝。不論如何，在密續的術語之中，空性即是究竟明妃（或勝義明妃），而這才是最究竟的。

❧ 其他五瑜伽

如我先前所提及的，宗喀巴大師把那洛六瑜伽列為拙火瑜伽、幻身瑜伽、明光瑜伽、遷識瑜伽、入他身瑜伽和中陰瑜伽。

宗喀巴大師解釋，在與伴侶雙運，並且深入了悟自生大樂智慧之後，瑜伽士或瑜伽女觀修幻身瑜伽和明光瑜伽等清醒狀態的修行法門。這兩個修行法門緣自密集金剛密續。

人們常常誤解「幻身」這個詞彙，認為它僅僅是一個把每一件事物都視為虛幻的修行法門。宗喀巴大師說，事實不是如此。事實上，當瑜伽士或瑜伽女從全然之明光覺受中生起的時候，他們非常細微的風息於剎那間化現為幻身。這個幻身類似本尊，在這個階段被稱為「不淨幻身」。它是精微而細緻的，不是由肌肉與骨骼所構成；它有別於粗重的身體，而且不依賴粗重的身體。修行者可以化現這個幻身，從事許多利生事業，然後重返他們凡俗的粗重身體。智慧與善巧於此時雙運；它們同時地發生。

瑜伽士或瑜伽女繼續修行，來加深對於明光的了悟，並且生起清淨之幻身；這個清淨幻身甚至比不淨幻身更加細微。

在清醒狀態期間，瑜伽士或瑜伽女除了觀修明光之外，也修持「睡明光」；在睡覺期間，他們修持夢瑜伽（譯註：即一般所謂的「睡夢瑜伽」）。宗喀巴大師解釋，夢瑜伽如何以觀修睡明光為基礎而逐漸發展出來。當你進入睡眠的時候，你再度觀修能量進入中脈，並且穩定、融攝進入中脈。你體驗到四大元素的融攝、白、紅、黑三景象，最後獲得明光之覺受。

事實上，這是一個自然的過程。當我們進入睡眠的時候，四

大元素的融攝和明光之覺受自然而然地發生。這聽起來很棒，但是我們現在的睡眠是一個無明的體驗。然而，瑜伽士和瑜伽女卻訓練自己去覺察這整個過程。在成功地觀修並且住於明光覺受之中之後，他們能夠輕易地進入夢瑜伽之中。當我們作夢的時候，我們自然而然地化現出一個「夢身」；然而，瑜伽士和瑜伽女卻在體驗了睡明光之後，化現出一個幻身。

　　如宗喀巴大師所指出的，夢瑜伽是幻身瑜伽的一部分。為了成就幻身瑜伽，我們必須成就睡明光；為了成就睡明光，我們必須擁有醒位明光的覺受。首先，我們學習去觀修清醒狀態的明光，然後再觀修睡眠狀態之明光。在這之後，我們就能夠成就夢瑜伽。然而，要成就醒位瑜伽和睡位瑜伽，都要仰賴拙火瑜伽。拙火是基礎的修行法門。

　　一旦我們嫻熟了夢位幻身之後，我們就能夠成就中陰瑜伽。因此，這也是依憑拙火瑜伽的力量來成就。同樣的，遷識瑜伽和入他身瑜伽也是如此。這兩種瑜伽也仰賴把能量帶入中脈的能力。沒有風息進入中脈，遷識瑜伽和入他身瑜伽就無法成就。

　　有些人認為，遷識瑜伽是容易的，但是宗喀巴大師卻不同意這種觀點。他清楚地指出，在能夠修持遷識瑜伽之前，你必須先修持拙火瑜伽，並且能夠把能量導入中脈。對此，宗喀巴大師不止提出自己的意見。在他關於遷識瑜伽的論著之中，他廣泛引用釋迦牟尼佛的話語，並且圓滿地傳授此傳承的教法。根據宗喀巴大師的說法，遷識瑜伽不是一個簡單的法門。

　　在修持這所有的法門的時候，都要詳細地加以研究，因此現

在不需要多加討論。記住,拙火是所有這些法門的根本。它如同一條連結所有證悟的鎖鏈。了解這一點本身,即是一個甚深的了悟。

密續是宗喀巴大師的特殊領域;他的幻身瑜伽教授尤其著名。當我傳授這個教法的時候,我特別感謝宗喀巴大師。他針對那洛六瑜伽所做的甚深論釋,使我對他生起大量的虔敬心。在我的心中,宗喀巴大師毫無疑問地是一個偉大的大成就者。

在《俱信論》先前的章節之中,宗喀巴大師引用瑪爾巴的說法:「他從那瀾陀寺的『守門人』那裡領受了這些教法傳承。」這個「守門人」是指那洛巴。在古代,大規模的寺院被圍牆環繞,在四方各有一個大門。在每一個大門門前坐著一個班智達,其任務是給予教授,或與任何想要辯論的人進行辯論。

瑪爾巴也指出,他領受了《喜金剛密續》的九會合、遷識瑜伽、拙火瑜伽和明妃修法。他繼續說道:「透過拙火瑜伽,我證得四喜;透過明妃修法,我令四喜臻至圓滿。」

為了發展自我和利益他人,我們也必須如瑪爾巴一般,領受所有這些善巧方便。讓我們祈請我們能夠如願。「願我們都能夠生起觀修短阿字的不動三摩地,進而發現大樂之脈輪、大樂之能量,以及大樂之昆達里尼。願我們生起真正的拙火,因而體驗到四喜的大樂狀態。願大樂本身轉為無二智慧之深刻覺察。在今生,願我們都能夠證得幻身與明光之雙運,進而成就金剛持之果位。」

原註：

❶ 宗喀巴大師認為，具有最上根器的行者是已經領受了清淨灌頂；通曉密續之修持教授；嫻熟壇城儀軌，並且日修四座；善巧雙運六十四藝；證得空性；嫻熟引生四喜和自生大樂智慧之法門；能夠控制融化之明點，而不使其漏失。

❷ 伴侶（明妃）可以用多種方法來分類。舉例來說，以其種姓可分為四品，以其證量可分為三品。「咒生明妃」嫻熟生起次第瑜伽，並且獲致圓滿次第之初級證量。「地生明妃」居住在密續聖地，例如嘿魯嘎二十四處聖地之一。「自生明妃」安住明光雙運之證境之中。

第六部

與拙火共生

第二十一章
你的歡樂是你的責任

　　現在，你應該已經擁有所有關於拙火瑜伽的資訊。盡可能地從事各種觀修的技巧。如果你運用這些技巧，你將會獲得持續修行的力量與能量，進而確保你的修行能夠增長。你必須增長正面的覺受，但是獲得些微成就之後，就停止修行是不好的。宗喀巴大師指出，一旦你擁有進展的徵兆，繼續修行是重要的。

　　據說，透過修持拙火瑜伽，在數年之內，甚至在一年之內獲致證悟是可能的。拙火瑜伽是如此一個真實的法門，如果你認真修持，那麼圓滿開悟之期就不遠了。

　　任何一個具足根器和順緣之人，即使從宗教的觀點並不相信這些技巧，但是只要如實地加以觀修，就能夠體驗到拙火的成果。這使得這些技巧尤其適合西方人士；一般來說，西方人士不以宗教信仰為本。拙火瑜伽是科學的，是符合邏輯的，而且你不必等到來生，就能夠體驗到結果。你甚至不必相信來生。你只要去修持這個法門即可。無論如何，去相信透過修持那洛六瑜伽，你將能夠在今生獲致證悟，或許比相信來生來得好。

　　我希望你擁有堅定而強烈的發心。佛教認為，心態是我們如何詮釋生活、世界的基礎，因此擁有正確的發心來修行是重要的。發心是維持興趣和清明的方法，因為它幫助我們了解去選擇

哪一條道路。

　　強烈地發心、強烈地祈願去體驗拙火，去體驗充滿大樂的諸脈、充滿大樂的風息、充滿大樂的昆達里尼，以及自生大樂與智慧的雙運。要勇敢！要思惟：「為什麼我不能為密勒日巴和宗喀巴大師之所為？」然後下定決心：「我別無選擇——我必須修持拙火瑜伽！」

從自身的覺受來判斷

　　盡可能地試著去證得無念之不動三摩地，以及大樂與空性之雙運。不要認為：「我的生起次第瑜伽不太有成，因此我不應該修持圓滿次第瑜伽。」宗喀巴大師自己每天從事四座修法。他在早晨修持生起次第瑜伽，在下午修持圓滿次第瑜伽。兩者同時一起修持是正確的事情。

　　事實上，拙火瑜伽可以幫助你證得生起次第瑜伽。剛開始，你可能會發現專注於本尊和進入三摩地是困難的；但是當你開始修持拙火之後，一切事物都突然具足。此外，西藏傳統通常解釋獲致證悟的漸進道路：首先你做這個，接著你做那個。拙火瑜伽有助於這個過程；這個漸進的過程有助於拙火瑜伽。

　　此外，你不應該認為：「我如何能夠禪修？首先我應該研習二十或三十年，到了那個時候再禪修或許是合理的。目前，我對佛教所有深廣的教法都一無所知，因此我甚至連修止都不可能。無論如何，我有一個工作，我非常忙碌。我如何能夠試著去發展三摩地禪修？居住在山間、從未與人謀面的西藏僧侶能夠生起修止的定力，但是我總是被一群人包圍，去禪修是不可能的。」

這種想法肯定是錯誤的。我們總是在找藉口。你應該每天修法，在此同時，你可以工作、念誦祈請文，並且從事其他活動。在從事其他活動的同時，生起修止的定力是可能的，尤其當你領受了拙火的教授之後，更是如此。宗喀巴大師傳承的大多數喇嘛，終其一生都結合研習（聞）與禪修（修）。他們每天觀修一個專注的對境，並且從事其他的活動。

身為初學者，我們必須努力把暖熱與大樂的覺受帶至脈輪和諸脈，進而證得明光。即使我們尚未達到明光的次第，但是我們已經有了些許的覺受。基本上，明光已經存在於我們的內在。我們必須擴展這種覺受，直到我們達到圓滿為止。這不只是智識方面的談論而已。你必須去判斷什麼時候需要瓦斯，需要多少。如果你把瓦斯開得太大，你就會把食物煮過頭；你就會大樂樂得過頭，而且熱過頭。它會是一場災難！因此，小心謹慎地判斷。

就釋迦牟尼佛對人類成長的觀點而言，你是那個要負起責任的人。佛或上師或上帝不需要負起責任。你必須從自己的經驗來判斷；這是為什麼你需要對自己生起信心。記住密勒日巴的故事。在他追隨瑪爾巴兩年之後，瑪爾巴要密勒日巴離開。之後，密勒日巴獨自在山間，無法向任何人尋求忠告。他兩手空空，他一無所有。

你肯定可以為自己做判斷。你應該欣賞這一點，並且相信你自己。你知道你需要哪一些禪修，以及何時去應用它們。有時候，你不需要任何技巧。只要自然而細微地呼吸，你就會擁有良好的定力，你的拙火能量將會增長，你將會感受到大樂。在那種心識狀態之中，你將沒有執妄，沒有世俗念頭的壓力。它將會是

一個清淨無染的狀態，沒有這個或那個，沒有攀緣外境。你學習去放下許多事物。

此外，如同你更換朋友一般，你可以更換佛堂上的佛像或上師的法照。不要認為你的佛堂上一定要有某一張照片，否則其他人將會認為你不懂得尊敬。誰在乎其他人怎麼想？這只是一種政治活動。當你注意這種批評的時候，你就沒有和自己打交道。這是你自己的事情，不是別人的。佛堂是你的，而佈置佛堂是你的經驗。如果你認為有幫助，你可以把米老鼠放在佛堂上。使用任何可以與你溝通、幫助你成長的事物。

舉例來說，當你正在執著、不滿、被貪欲弄得不知所措的時候，把正在齋戒的佛陀圖像放在佛堂上，並且注視著它。或放一具骷髏在佛堂上。取一塊人骨，把它放在佛堂上，並且注視著它。比起你上師的法照，它或許會給予你更強而有力的訊息。不把佛像放在佛堂之上，不表示你遺棄了佛教。不要擔心其他人怎麼說。如果某件事物對你有意義，那麼就使用它。你可以在任何時候重新佈置你的佛堂。這個月你可以有齋戒的佛陀；下個月你可以放置其他的圖像。在這個時候，我把宗喀巴大師的法照放在我的佛堂上，因為我現在感覺特別親近他。我對宗喀巴大師有大量的虔敬心。

❧ 你的歡悅是你的責任

根據宗喀巴大師的說法，成功的拙火瑜伽能夠帶來身心的健康安泰，因為它能夠增長強健體魄的昆達里尼能量。你的昆達里尼能量越強大，你的拙火瑜伽的成就就越大。

　　照顧你的身體是重要的，因為它是自生大樂的根源。舉例來說，為了增長男性和女性昆達尼的性能量，你應該攝取高蛋白的食物，並且從事規律的運動。這是符合邏輯的：你擁有越多的能量，你能夠使用的能量就越多。

　　在密集修持拙火瑜伽期間，即使是在家眾也應該試著去控制性能量的流失。根據佛教密續的說法，在性交期間流失性能量，會減弱你的體力。體力減弱就會減損昆達里尼的流動。你不必因為這是西藏法本和西藏喇嘛的說法，就去相信它。去看看你自己的經驗。

　　這不意味著在家眾應該過著如僧眾或尼眾般的生活。然而，當你正在精進地修持的時候，你應該控制自己，不要失去昆達里尼。當你不在精進地修持的時候，就沒有不漏失能量的誓戒；你只要行止如常即可。

　　有著規律性生活的在家眾在性交期間，應該使用拙火的力量，盡可能長時間地持守住位於秘輪的昆達里尼。在你釋放能量之前，想像你體驗了自生大樂智慧。有了這種控制力，甚至會帶來更大的大樂和滿足，尤其當你受到對方的吸引而生起強烈的能量的時候，更是如此。你可以在通往秘密解脫道之上運用這種能量。

　　我為什麼告訴你這些？我可不希望人們說：「不要親近耶喜喇嘛！他摧毀了我的婚姻生活，破壞了我的夫妻關係。」而讓我的名譽掃地。在強調運用貪欲的能量方面，密續是非常實際可行的。當然，當我們第一次和某個人相遇的時候，我們彼此的內心都生起歡悅和興奮，幾乎到了昆達里尼增盛的程度。在此之後，

我們所做的唯一一件事情就是增長痛苦！我們沒有成為彼此歡悅的對象，反而成為彼此的囚犯。

四部密續是為了四種不同種類的修行者而設計。每一部密續的差異在於貪欲的能量被運用在證悟道上的強度。在事業部密續，僅僅注視著所有俊美的本尊，就能夠生起大樂。在行部密續，以笑容來引生大樂。在瑜伽部密續，充滿大樂的能量源自雙手交握。在無上瑜伽部密續，則使用性交的能量來引生大樂。

《俱信論》指出，即使是在生起瑜伽次第的在家行者，也能夠仰賴一個伴侶，來引生某種程度的大樂和智慧。這個修行法門不是證量高深的密續行者所專有。只要你運用這種能量來引生無二之智慧，你就能夠隨心所欲。這是合情合理的。只要我們生起明燦的宇宙智慧，我們使用什麼工具來引生這種智慧並不重要。只要你明白，證得金剛持果位之自生大樂智慧是你自己的責任，那麼任何能夠利益這種成長的事物都是好的，即使它為社會所不容。無論如何，社會擁有一個二元分立的結構，它的哲學會讓你更加迷惑。

你要為你自己的成長負起責任。只要你不傷害自己，不讓自己陷入身心的災難，不去傷害任何其他有情眾生，那麼誰會在乎你做了什麼？佛教的態度是，你照顧你自己的業行；你照顧你自己的孩子。社會或任何其他人說你應該怎麼做，不是重要的。你的所作所為是你的責任。你的歡悅是你的責任。

另一方面，不要認為快樂總是來自觸及外在的某一件事物，而不是來自內在。快樂來自你的內心，因此你要記住，你不必總是需要在人際關係中打轉。

　　你必須非常堅強，並且誠實地對待自己。我之所以這麼說，乃是因為密續修行法門會為你的生活帶來迷惑，而我希望你要清楚明白。此外，即使我們不認同社會的標準，我們必定不要傷害社會中的其他人。我們必須擁有一顆寬容大度的心，來接受各種人的想法。

　　讓我們迴向功德：「願在我們的餘生當中，我們的力量有所增長，並且努力成就拙火瑜伽。如此，我們可以分享我們的成就，使整個宇宙之眾生都證得大樂。」

第二十二章
不忘拙火

　　拙火瑜伽是一個甚深的教法，它應該以一種充滿意義的方式來運用。你應該盡可能地觀修拙火。它真的是一個簡單的法門。

　　不論你住在哪裡，佈置一個修法的地方是好的。只要幾塊錢，你就能夠像古代的禪修者一般，製作一個禪修箱子。由於你無法在禪修箱中躺下，因此至少當你在箱子當中的時候，你就必須坐著修法。這麼做在心理準備上很好。

　　要留意你自己的覺受，如果你喜歡的話，可以把你的覺受用筆記錄下來。你必須了解，這些修法一定會讓你有所成果。每一個修持這些法門的人，應該都會有一些覺受。

　　我們應該像那洛巴一樣認真修行。那洛六瑜伽是一個圓滿次第的密續修行法門，既完整又深奧。這六瑜伽包含了父續和母續的修行法要。而求取這些教法精髓的方法不是透過智識，而是透過行動。你必須採取行動。你必須持續修行。

　　當你在閉關中修持拙火的時候，自每天從事五或六座修法開始。在剛開始，從事一座一個半小時的短時間修法是比較好的，因為如此你可以做得完善。當你比較有所成就的時候，你可以把一座修法延長到數個小時；如果在一開始，你就從事長時間的修法，你只會變得昏沉。此外，一天至少從事半個小時的功法。

當你不在閉關之中的時候，於清晨空腹時，從事哈達瑜伽和拙火瑜伽是最好的。此外，由於火能量在傍晚是強大的，因此在這個時候觀修拙火是好的，但是也必須空腹。在西方國家，人們習慣在傍晚吃大餐，因此在這種情況下，最好在早晨進行修持。

所有的拙火禪修都應該以安住於一境的定力來完成。這些禪修包括融化充滿大樂的昆達里尼能量；風息進入中脈，並且穩定融攝於中脈；以及四大元素之消融、三景象之生起的整個過程。它們全都是三摩地之覺受。

人們可能會覺得，深入地從事三摩地禪修和從事日課之間有所衝突。在西藏體系之中，當你深入地修止的時候，例如在從事密集的拙火閉關期間，你容許減少其他祈請文的持誦。不論如何，你的修行即是最佳的祈請文。你可以減少世俗的祈請文，因為你正在念誦勝義的祈請文。這其中不應該有任何牴觸。禪修是最重要的要點。另一方面，你不應該輕率地認為：「我正在念誦究竟的祈請文，因此我可以放棄念誦相對的祈請文。」以此來做藉口是危險的。你必須小心謹慎地思考如何去調整你的生活。

在從事密集的拙火閉關期間，你不應該坐得太靠近火，或者被太陽曬傷，因為此舉可能會激起錯誤的能量。當你沒有從事密集修法的時候，這就無關緊要；在這些時候，你可以像平常一樣到海灘上，把自己曬成古銅色。

不幸的是，你也應該避免冰冷的食物，例如冰淇淋。攝取非常冰冷的食物會損害從事拙火瑜伽的自然能源。此外，在從事拙火瑜伽的時候，也要避免鹹的食物和飲料。你或許會認為，西藏人不懂得化學這類事情，但是我們已經認識這些事情有數百年之

久了。你也不應該吃酸的食物，例如檸檬。雖然許多果汁都說不含酸性，但是我發現它們大多數都含有酸性。你也要避免吃魚。

拙火行者也被建議穿著輕薄的衣物。我們應該遵循中庸之道；我們的衣著不應該太厚重，我們也不應該全裸。不要在陽光之下裸體尤其重要，因為熱的光線會引起不適。此外，不要裹著厚重的毛毯或羽毛被睡覺，例如在德國使用的毛毯或被子。西藏瑜伽士建議，你不應該讓你的身體過熱。你也不應該舉重物，或者像你吹氣球的時候，那般用力地呼吸。

在拙火的修持穩定之前，你不應該讓自己處於迷惑的情況之中。稍微節省你的能量。修持拙火瑜伽，你會變得極端敏感，因此你必須留意自己正在做些什麼事情。

最重要的是，努力去體驗內在暖熱和大樂，然後把充滿大樂的覺受和無二之智慧融合為一。你最後將會達到如此的境界：僅僅是你呼吸的動作，就能夠引生大樂，帶來身心的滿足。

你感受到越多的大樂，你應該努力去體驗更多無執妄的智慧。這是你需要從各種修法所生起的能量的原因。當你的昆達里尼能量微弱的時候，你的定力、大樂和明晰也將會是微弱的。因此，你運用這些修法來增長能量。然而，當能量強大的時候，你就不需要這些禪修技巧。你停止智識化，只要放下，並且加以觀照。不論我說了多少，都只是語言文字罷了。這是你必須親身體驗的事物。當你獲得一些有價值的覺受之後，你可以和其他人分享。僅僅憑著你自己的覺受，你就能夠嘉惠他人。

你不只應該在座上修法期間生起大樂和無二，在兩座修法之

間的空檔也該如此。你可以把拙火帶入所有的日常活動之中；運用每一個凡俗的歡悅體驗──每一個披薩和巧克力的體驗──以強烈之覺察來觀照中脈內的拙火。當你行走和談話的時候，帶著拙火。當你走到海灘或山間的時候，帶著拙火一起前往。當你觸碰水的時候，感覺它是充滿大樂的。當你看見火的時候，想像它是拙火。當你看見光的時候，想像它是昆達里尼能量。

當你體驗到充滿大樂的色、聲、香、味、觸等感覺的時候，想像這種凡俗的歡悅為拙火增添了燃料，使其熾烈燃燒。把所有充滿大樂的能量導入中脈臍輪內的拙火。當密續談到把貪欲和輪迴的歡悅轉為證悟道上的資糧的時候，密續是非常實際的。

拙火瑜伽的目的是增加歡悅。瑜伽士或瑜伽女會說：「我不滿足於我已經擁有的歡悅。我想要更多。這是我在修持拙火的原因。」然而，你必定不能忘記把父分的大樂和母分的無二融合為一。如此一來，你的大樂有助於智慧的增長。因為這個緣故，密續教法告訴我們不要排拒歡悅，反而應該去利用歡悅。如果你不用這種方式來運用它，它就會變成毒藥。每一個助長歡悅的覺受都成為點燃拙火的燃料，而你把歡悅的能量和無二之智慧融合為一。

我們所有人都竭盡所能地要獲得全然的快樂。我們購買每一樣東西，如房子、車子、冰箱，希望能夠讓自己快樂，但是總是缺少了什麼東西。不是缺少了父分的大樂，就是缺少了母分的智慧。讓我們客觀地看一看大部分人的生活。他們或許擁有聰明才智，在大企業內賺進許多財富，但是他們似乎不知道如何把凡俗的喜樂和智慧融合在生活之中。

　　密續把父分的大樂和母分的智慧同時結合在一起。這是為什麼宗喀巴大師在稍早談論到心的根本特質時，提及相對與究竟雙運的原因。為了品嘗拙火，我們必須了解相對與究竟之雙運。我們必須知道如何把大樂與智慧結合在一起。拙火瑜伽是我們學習把大樂與智慧結合在一起的一個過程。大樂能量即是空性；空性即是大樂。

　　在西方國家，我們看到許多人擁有聰明才智，卻沒有喜樂。他們似乎真的備受困擾。他們能夠從事許多技術性的事情，但是他們的知識是枯燥乏味的，所以他們並不感到滿足。其他學識淺薄、但是生活態度比較實際的人，則比較滿足。密續試圖把智識帶入實際的覺受之中，並且把它與充滿大樂的能量融合為一。當你能夠這麼做的時候，你就根除了所有世俗的問題、所有歡悅的問題。

　　記住，我們生活中的每一個剎那都能夠轉為禪修。當你清醒的時候，每一件事物都是禪修。當你入睡的時候，每一件事物都是禪修。當你死亡的時候，每一件事物都是禪修。聽到這些話，你或許會認為：「哇，太棒了！讓我們針對這個主題拍攝一部電影。」然而，這是真實的。密續是非常深奧的。

　　我希望你能夠獲得一些拙火瑜伽的覺受。最重要的是，你真的觸及你內在的某些事物。如果這發生了，那麼我將毫無疑問地相信，某些轉化將會發生。拙火的優點在於，你不必去相信任何事情，它就會發生。只要去修持，並且放下即可。覺受和了悟將自然而然地到來。

　　不要忘記諸如此類的圓滿次第密續禪修也能夠帶來經乘的證量。舉例來說，拙火瑜伽能夠減少執著，有助於菩提心的生起。有些人發現，即使他們只有少許前行法的覺受，但是他們仍然能夠獲得圓滿次第的覺受。

　　我非常高興來到我的中心傳法。即使我所解釋的，大部分都是虛言，但是我竭盡所能地用一種合理的方式來與你們進行溝通。在二十世紀，我們都擁有如此忙碌的生活，因此我們很幸運有此機會來研習宗喀巴大師的教法。我很幸運能夠看到你們嘗試去修法。這對我的心是重要的。我們只有短暫的時間去修法、去體驗，但是我們全都盡力而為，因此我的心是快樂的。我不在乎我們只討論了大約二十頁宗喀巴大師的論釋。

　　如果我活著，你們活著，或許我們還會再相見。下一次，我們將詳細地討論幻身、夢的覺受、明光的覺受、遷識，以及入他身。這些主題更加甚深精微。你們應該修持我們已經討論的教法，並且祈願未來能夠修持那洛六瑜伽的其他法門。如果明年不行，那麼我們可以來生再續。事實上，我會祈願你們從一個證悟的上師那裡領受這些教法，而不是從像我這個如米老鼠般的老師這裡領受教法。

　　我希望我沒有引起太多的迷惑。如果你的禪修有困難，或者對教法有疑問，請不要猶豫寫信給我。我已經領受這個教法兩次，但是我是一個懶惰的學生，因此我可能會犯錯。如果我真的犯了錯，你們應該告訴我。向我提出問題是好的，如此一來，我也能夠從中學習。我有時間；不要認為我沒有時間。我們一起合作是重要的。不要認為我只是來到這裡，說了一大堆令人困惑的

話之後，就丟下你們不管。這不是真的。我不是擁有最高深證量的人，但我是一個可以奉獻自己的人。或許我是在欺騙自己，但是我真的希望盡可能地把我的人生奉獻給其他人。即使我是一個非常簡樸的和尚，但是你應該要感受到我與你同在——這是重要的。

我們一起做了一些有意義的事情，因此我們應該彼此溝通。把喇嘛觀想成上帝或諸如此類的人物是不好的。我們只需要人與人之間的溝通。我們可以用一種簡單的方式來做到這一點：「嗨，你好嗎？我希望你的心臟沒問題。我希望你的鼻子沒問題。」你們了解嗎？

非常感謝你們的合作和紀律；紀律是重要的。我也對你們慈悲和誠摯的品德感到欣喜。你們已經把一個豐沛的內在品質和豐沛的外在品質融合在一起，因此我認為你們是成功的。非常感謝你們。我迴向你們所有的能量——但是即使我們沒有迴向，業行將會處理一切。擁有一個迴向他人的態度、想要佈施他人的態度是好的。對於你們的所作所為，我感到心滿意足，你們應該繼續下去。分享你們的愛、你們的智慧、你們的財富，並且盡可能地服務彼此。與他人和諧共處，做一個和平、愛、慈悲和智慧的典範。

試著在你的修行中獲得快樂，並且對你的人生感到滿足。以合情合理的方式讓自己成長，千萬不要認為為時已晚。不要懼怕死亡，只要你覺得你已經獲得一些覺受，那麼即使是死亡也沒什麼大不了。人生已盡歡。即使你明天就要死去，那麼至少在今天做一個誠實、清淨無染、快樂的人。由於我們努力把合理的滿

足、合理的喜樂帶入我們的生活之中，並且合理地超越恐懼，因此從事禪修是最重要的。當你成就拙火之後，你將會心滿意足，也將會利益他人。

　　舉例來說，密勒日巴主要都在禪修。在他的一生當中，他沒有給予太多的教授；他禪修。我相信密勒日巴有修行的誓戒，但是當他前往山間的時候，他並沒有隨身攜帶書籍。他的誓戒存在於他的心中。到了某種程度，你會超越祈請文，超越語言文字。拙火瑜伽不是為了玩弄語言文字和祈請文的初學者而設計。就拙火瑜伽而言，儀軌不是那麼重要；最重要的是專注與深入。這是重點。密勒日巴是一個完美的典範。他是成功的；他證得了大樂。祈願自己如同密勒日巴，如同宗喀巴大師。他們有所成就，我們應該也有所成就。

　　「在餘生的起起伏伏之中，願我們永不忘卻短阿字。為了利益所有殊勝的、受苦的如母眾生，願我們都能夠像密勒日巴和宗喀巴大師一般，證得拙火、幻身和明光瑜伽。」

【附錄一】
《俱信論：通往那洛六瑜伽甚深修道次第之指南》綱要

I.前行法

A. 大乘之共的前行

1. 修持共的前行的必要。

2. 修心之次第。

B. 無上瑜伽密續之不共前行

1. 共的前行：

a. 領受一個完整的灌頂。

b. 持守誓戒。

2. 不共前行：

a. 金剛薩埵修法和持咒來清淨惡業與障礙。

b. 觀修上師相應法來領受加持力：

1) 觀修上師為功德田。

2) 向上師行供養和祈請。

II.以前行為基礎之正行

A. 生起次第

B. 圓滿次第

1. 身心之本質

　　　a. 心之本質

　　　b. 身之本質

　2. 修道之次第

　　　a. 修持瑜伽功法和觀空身做為第一個步驟。

　　　1) 瑜伽功法分別是：

　　　　a) 寶瓶氣；

　　　　b) 旋轉如輪；

　　　　c) 屈身如鉤；

　　　　d) 結「金剛抱持印」於空中上舉下降；

　　　　e) 身直如箭，狀如母狗欠身；

　　　　f) 抖身引體，使脈中之血液輸往全身。

　　　2) 觀空身。

　　　b. 實際修道之次第

　　　1) 區分修道的各種方式。

　　　2) 修道之次第。

　　　　a) 修道之正行

　　　　(1) 修道之主要法門

　　　　　(a) 把風息引入中脈，並且生起四喜。

　　　　　　I) 拙火之內在法門。

　　　　　　(a) 透過拙火瑜伽，風息進入中脈

　　　　　　　(I) 拙火瑜伽之修行法門：

　　　　　　　　a. 觀想諸脈。

　　　　　　　　b. 觀想種子字。

　　　　　　　　c. 修持寶瓶氣。

(II) 透過拙火瑜伽，風息進入中脈，並且穩定、融攝於中脈之內。

(b) 繼風息進入中脈之後所產生之四喜覺受。

(I) 與四大元素之消融過程相關之徵兆的生起，並且引燃拙火。

(II) 融化之菩提心明點所引生之四喜覺受。

(III) 觀修自生大樂智慧。

II) 依止的外在法門

(b) 以四喜之生起為基礎的明光和幻身法門。

I) 探討以拙火瑜伽為基礎之修行法門。

II) 不共修道之個別法門

(a) 幻身瑜伽

(I) 觀修表象之虛幻本質。

(II) 觀修夢境之虛幻本質。

a. 認清一個人的夢境為夢境。

b. 修持夢瑜伽。

c. 克服夢境中的焦慮，覺察夢境的虛幻本質。

d. 觀修夢境之真實本質。

(III) 觀修中陰狀態之虛幻本質。

a. 關於中陰狀態的一般討論。

b. 與中陰狀態相關之修行次第。

　　　　　　　　(1) 掌控中陰之人的種類。

　　　　　　　　(2) 掌控中陰的方式。

　　　　(b) 明光瑜伽

　　　　　　(I) 醒位明光瑜伽。

　　　　　　(II)睡位明光瑜伽。

　　　(2) 遷識瑜伽和入他身瑜伽。

　　　　　(a) 把心識遷移到更高層次的狀態。

　　　　　(b) 入已死亡的他身。

　　　b) 從事加速修道過程的行為。

　　3.證得果位之法。

　　本大綱是由格西圖敦・金巴（Geshe Thupten Jinpa）所整理。一九九〇年三月二十二日到二十六日，第十四世達賴喇嘛在印度達蘭沙拉闡釋宗喀巴大師之《俱信論》時，即使用這份大綱。

【附錄二】
辭彙表

究竟上師（absolute guru）：諸佛充滿大樂、遍知的心；即法身。

究竟實相（absolute reality）：自我和一切現象真實存在的方式，也就是「自性空」。

究竟見（absolute view）：究竟實相之見。

融攝（absorption）：參見「死亡過程」（death process）。

事業部密續（Action Tantra）：四部密續的第一部。在事業部密續之中，大樂以注視一個本尊的方式而生起，並且被運用在證悟道上。

風息（airs）：在身體諸脈中流動的細微能量，使身體能夠運作，並且與不同層次的心識有所關聯。

無著（Asanga）：第五世紀的印度班智達，直接從彌勒佛那裡領受到釋迦牟尼佛「方便傳承」之教法。他的著作是佛教唯識派的基礎。

阿底峽（Atisha 982-1054）：著名的印度佛教大師，前往西藏振興佛教，並且在西藏度過他人生的最後十七年。阿底峽撰寫了第一本「道次第」的論典《菩提道燈論》（*Lamp on the Path to Enlightenment*），創立了噶當派；該派的行者以出離

心和菩提心聞名。

地（bhumi）：次第或基礎。菩薩在證悟道上必須歷經十地，首先要透過無念之無二了悟來達到初地。

菩提迦耶（Bodhgaya）：位於北印度比哈爾邦的小鎮，乃釋迦牟尼佛悟道之地。

菩提心（bodhicitta）：菩薩為了一切有情眾生而求證悟的利他大願。在密續之中，菩提心也指「昆達里尼」。

菩薩（bodhisattva）：擁有菩提心的人。當一個人初次生起無造作之菩提心的時候，他就成為一個菩薩。

菩薩戒（bodhisattva ordination）：正式領受菩薩戒，也就是為了利益一切有情眾生而求證悟的大乘戒律。

佛（Buddha）：證悟者。

佛法（Buddhadharma）：參見「佛法」（Dharma）。

布敦（Butön 1312-64）：薩迦派的學者、歷史學家和偉大的瑜伽士；那洛六瑜伽的傳承上師之一。

中脈（central channel）：在細微身體的數千條脈中，最重要的一條脈。在修持拙火瑜伽期間，觀想中脈是藍色的，位於脊椎前方，始於眉心輪，終於肚臍下方四指寬之處。

脈輪（chakras）：字面意義是指「輪」。由沿著中脈各處所延伸出來的支脈所構成。六個主要的脈輪分別位於眉心、頭頂、喉嚨、心間、肚臍和性器官。在修持拙火瑜伽期間，臍輪是主要的專注焦點。

月稱（Chandrakirti）：第六世紀的印度班智達，龍樹的弟子。他闡釋龍樹的中觀，而自成應成中觀派。月稱的論著是西藏

各個學派研究中觀的基礎。

脈（channels）：在身體之中有七萬兩千條脈，與風息、昆達里尼共同組成細微身，被用在諸如拙火的修行法門之中。

如意度母（Chittamani Tara）：無上瑜伽密續中的女性度母本尊。

唯識（Chittamatra）：意指「唯心」。大乘佛教的兩大宗派之一。唯識派認為，細微無我是指心和外在現象、主體與客體之間沒有分別。

顯明（clear appearance）：或明晰。瑜伽士和瑜伽女栩栩如生地觀想自己為本尊，其周遭環境是本尊的壇城。這個法門和佛慢是在生起次地中生起。

明光（clear light）：非常細微的心；第四空；也指空性之明光心；那洛六瑜伽之一。這個最細微的心識狀態在死亡的時刻出現，並且透過拙火瑜伽的修持，瑜伽士和瑜伽女用它來了悟無二。當行者透過禪修達到這個根本明光之後，根本明光即圓滿轉成真實明光，並且與「淨幻身」雙運，帶來證悟的成就。參見「四空」（four empties）。

圓滿次第（completion stage）：無上瑜伽密續的兩次第中較高級的次第。當瑜伽士或瑜伽女開始透過修持諸如拙火等法門，而使風息進入中脈，並且穩定融攝於中脈，便進入了圓滿次第。

明妃或伴侶（consort）：一個真實的或觀想的伴侶，被瑜伽士或瑜伽女用來引生自生大樂之覺受。

一般的實相或世俗諦或相對的實相（conventional reality）：自

我和所有現象一般的存在方式;也就是相對的、依緣而生的。

空行或勇父(daka):相對於空行母。

空行母(dakini):女性的密續證悟者,能夠幫助瑜伽士生起大樂。

死亡過程(death process):在一個人死亡的時候,其身心所自然發生的漸進融攝或消融的過程。這個融攝過程也在瑜伽士或瑜伽女引帶風息進入中脈,並且穩定融攝於中脈的期間發生。死亡過程的八個階段都伴隨著一個內在的徵兆或景象。伴隨著四大元素和五種感官消融的頭四個徵兆分別是海市蜃樓、煙、火花或螢火,以及閃爍的火焰。後四個景象分別是白光、紅光、黑暗和明光。

本尊(deity):聖者或佛,例如嘿魯嘎或金剛瑜伽女。

依緣而生(dependent-arising):自我和所有現象一般的存在方式;它們依靠以下的方式而存在:因與緣;支分;心之造作或標籤。

佛法(Dharma):一般而言是指心靈修持;特殊而言是指佛教教法,使眾生免於痛苦,通往解脫和圓滿證悟。

法身(dharmakaya):參見「三身」(three kayas)。

佛慢(divine pride):瑜伽士或瑜伽女強烈地相信自己即是他們所觀想的本尊。此法與「顯明」都在生起次第中生起。

夢瑜伽(dream yoga):幻身瑜伽的一部分。瑜伽士或瑜伽女把自己的夢身轉化成為本尊身,並且從事修法。

支布巴(Drilbupa):又稱「甘他巴」(Ghantapa),八十四位大

成就者之一，勝樂嘿魯嘎三大傳承之一的創始者。

種敦巴（Dromtönpa 1005-1064）：阿底峽尊者的心子，西藏的
　　大譯師；噶當派的宏揚者。

明點（drops）：參見「昆達里尼」（kundalini）。

二元分立（dualistic）：參見「自我存在」（self-existence）。

八十執妄（eighty superstitions）：又稱「八十種概念心」或「八
　　十尋思」。在死亡的時刻，第五個階段「白顯現心」出現之
　　前消融的各種概念心。關於這八十執妄，可以參考由拉堤仁
　　波切（Lati Rinpoche）、傑佛瑞・霍普金斯（Jeffery Hopkins）
　　合著、一九八〇年由雪獅出版社出版的《西藏佛教中的死
　　亡、中陰和投生》（*Death, Intermediate State, and Rebirth in*
　　Tibetan Buddhism）。

八十四位大成就者（Eighty-four Mahasiddhas）：古代印度的偉
　　大瑜伽士，例如龍樹、帝洛巴、那洛巴、支布巴和盧希巴
　　（Luhipa）。他們修持密續，而在一個生世之中獲致證悟，並
　　且使密續乘發揚光大。

灌頂（empowerment）：參見灌頂（initiation）。

空性（emptiness）：參見「無二」（nonduality）。

證悟（enlightenment）：成佛、遍知、覺醒、金剛持果位、嘿魯
　　嘎果位、雙運。大乘佛教修持的究竟目標，一切有情眾生之
　　潛能。無限的智慧、慈悲和力量是證悟的特質。在密續之
　　中，它是真實明光和淨幻身之雙運。

生起次第（evolutionary stage）：無上瑜伽密續的兩個次第中的
　　第一個次第。在生起次第之中，瑜伽士或瑜伽女把死亡、中

陰和投生的尋常體驗轉化成為法身、報身和化身的清淨覺受，然後透過觀想自己是化身本尊，他們生起「顯明」與「佛慢」。

外供（external offering）：向上師本尊所行之真實或觀想的物質供養。

父續（father tantra）：強調幻身之修行法門之密續，例如密集金剛。

五部佛（five Buddha families）：即不動、昆盧、寶生、無量光、不空成就等五方佛傳承。他們代表「五蘊」和貪、瞋、癡、慢、妒等「五毒」之清淨，以及「五智」的成就。

四大元素（four elements）：地、水、火、風。這四者連同諸脈和昆達里尼，構成人身的六大特徵。它們是構成一切色法的元素。

四空（four empties）：四種細微的心識，即白顯現心、紅增上心、黑近得心和明光心。這四種細微的心識在死亡的時刻會自然而然地顯現，或者是風息融攝入中脈、成就拙火瑜伽的結果。這些細微的心識被瑜伽士或瑜伽女用來了悟無二。

四灌（four initiations）：分別是寶瓶灌頂、秘密灌頂、智慧灌頂和文字灌頂。它們是修持無上瑜伽密續之生起次第和圓滿次第所必要接受之灌頂。而後面三種灌頂是無上瑜伽密續所獨有。

四喜（four joys）：即四種大樂。瑜伽士或瑜伽女在使風息融攝入中脈，暖熱透過成功的拙火瑜伽而生起，促使位於頂輪的昆達里尼融化，而引生出來的大樂心識。昆達里尼順著中脈

流降至喉輪、心輪、臍輪和秘輪，引生出第四喜，即所謂的
自生大樂。當昆達里尼被向上引帶至頂輪的時候，行者以相
反的順序體驗到四喜。

四聖諦（Four Noble Truths）：釋迦牟尼佛初轉法輪的開示。四
聖諦分別為苦、集、滅、道。

岡波巴（Gampopa 1079-1153）：密勒日巴的主要弟子之一，那
洛六瑜伽的傳承上師之一，著名的道次第典籍《解脫莊嚴寶
論》（*The Jewel Ornament of Liberation*）的作者。

甘丹寺（Ganden Monastery）：三大格魯派佛學院的第一座佛學
院，鄰近拉薩，由宗喀巴大師在一四〇九年創立。甘丹寺在
一九六〇年代被摧毀，如今在南印度重建。

格魯派（Gelug）：西藏佛教四大傳承之一，由宗喀巴大師在十
五世紀早期創建，並且被歷代達賴喇嘛和班禪喇嘛發揚光
大。

格魯巴（Gelugpa）：格魯派的追隨者。

甘（Gen）：字面意義是指「年長者」。一種敬稱。

格西（Geshe）：字面意義是指「法友」。這個頭銜是指那些在格
魯派佛學院完成密集之研習和測驗之人。

格西喇嘛貢秋（Geshe Lama Konchog）：一位苦行的禪修者，耶
喜喇嘛的友人，目前居住在尼泊爾的高班寺（Kopan
Monastery）。

格西索帕仁波切（Geshe Sopa Rinpoche）：著名的佛教學者，耶
喜喇嘛和喇嘛梭巴仁波切的上師，在美國威斯康辛大學南亞
研究擔任教授三十年，於最近退休。

甘他巴（Ghantapa）：參見「支布巴」。

粗重的身體（gross body）：由血液、骨骼、感覺器官等所組成
　　的凡庸肉體。

粗重的心（gross mind）：眼、耳、鼻、舌、身五根識。

密集金剛（Guhyasamaja）：無上瑜伽密續的一個男性本尊，隸
　　屬於父續。密集金剛密續的教授廣大，尤重「幻身」，因此
　　被認為是密續之王。密集金剛是宗喀巴大師的主要本尊。

上師（guru）：在藏文中是「喇嘛」。字面意義是「豐厚」，即具
　　有豐富的佛學知識。一個人的精神指引、導師或大師。

上師嘿魯嘎（Guru Heruka）：密續上師，被視為與嘿魯嘎無二
　　無別。

上師金剛持（Guru Vajradhara）：密續上師，被視為與金剛持無
　　二無別。

上師瑜伽或上師相應法（guru yoga）：一種密續修行法門，瑜
　　伽士或瑜伽女觀修上師與本尊是無二無別的，並且把上師本
　　尊融入自心。這種修法有各種儀軌。

哈達瑜伽（hatha yoga）：那洛六瑜伽中的功法，被稱為「六魔
　　輪」。這些功法可以清除諸脈中能量流動的阻滯，有助於行
　　者成就拙火瑜伽。這六種功法分別是寶瓶氣；旋轉如輪；屈
　　身如鉤；結「金剛抱持印」於空中上舉下降；身直如箭，狀
　　如母狗欠身；抖身引體，使脈中血液輸往全身。

嘿魯嘎（Heruka）：勝樂嘿魯嘎，無上瑜伽密續的一個男性本
　　尊，隸屬於母續，尤其強調明光。

嘿魯嘎身壇城（Heruka Body-Mandala）：一種修行法門，觀想嘿

魯嘎的身相是壇城的一部分。

喜金剛（Hevajra）：無上瑜伽密續的一個男性本尊，隸屬於母續。

無上瑜伽密續（Highest Yoga Tantra）：密續的第四部、也是最高級的一部，由生起次第和圓滿次第所構成，乃是為了獲致證悟而必須修持之法。

聲聞乘（Hinayana）：字面意義是指「小乘」，是阿羅漢所修之道，其目的在於涅槃，或個人從輪迴中解脫。

幻身（illusory body）：由細微的風息能量所構成的身體，以本尊的身相顯現，但是顏色是白色的；那洛六瑜伽之一。瑜伽士或瑜伽女在體驗了根本明光之後，即生起不淨幻身，並且在證得了真實明光之後，生起淨幻身。

不壞明點（indestructible drop）：紅色和白色的明點，其大小如芥末子，位於心輪的中脈之內。它包含非常細微的心識和風息。

本俱之存在（inherent existence）：參見「自我存在」（self-existence）。

灌頂（initiation）：一個密續上師傳授給弟子的本尊修法。灌頂使弟子獲得修持此法的許可。

拙火（inner fire）：在藏文中是「圖摩」（tummo），字面意義是「勇敢的女性」。拙火是那洛六瑜伽之首。它是一個圓滿次第的密續修行法門，可以把所有的風息引帶進入中脈，進而喚醒明光心。如果行者能夠成就拙火，這個過程可以使行者在一個生世之內獲致證悟。

內供（inner offering）：觀想加持物是智慧甘露，並且把它供養給上師本尊。

中陰（intermediate state）：藏文「巴多」（bardo），介於死亡和投生之間的狀態；這種狀態從維持一剎那到四十九天不等。

內供養（internal offering）：參見「內供」（inner offering）。

蔣巴・旺督（Jampa Wangdu）：一位苦行的禪修者，耶喜喇嘛的密友，喇嘛梭巴仁波切的上師之一。即龍達仁波切（Lungtok Rinpoche），一位來自香港的中國男孩，被達賴喇嘛認證為龍達仁波切之轉世。

噶舉派（Kagyu）：西藏佛教四大宗派之一，源自於瑪爾巴、密勒日巴和岡波巴等偉大的傳承上師。

噶舉巴（Kagyupa）：噶舉派的追隨者。

時輪（Kalachakra）：無上瑜伽密續的一個男性本尊。《時輪密續》包含了醫學、星相等教授。

業（karma）：字面意義是指「行為」。因果法則：身、語、意的善行帶來快樂；身、語、意的惡行帶來痛苦。

堪竹・傑（Khedrub Je 1385-1438）：宗喀巴大師的心子之一，也是宗喀巴大師密續教法的主要倡導者之一，追隨宗喀巴大師的那洛六瑜伽傳承。他是第三任甘丹赤巴（Ganden Tripa），也就是甘丹寺的法座持有者。

昆達里尼（kundalini）：藏文「提格」（tigle）；明點；充滿大樂的能量；亦指菩提心。紅色和白色的細微液體能量遍布身體諸脈之中，紅色明點主要位於臍輪，白色明點主要位於頂輪。

卡傑（Kyabje）：字面意義是指「怙主」，一種敬稱。

喇嘛（Lama）：參見「上師」（guru）。

上師薈供（Lama Chöpa）：一種密集的上師瑜伽修法，包括祈願文、祈請，以及供養上師。

宗喀巴大師（Lama Je Tsongkhapa 1357-1419）：大成就者、學者和導師，創立西藏佛教之格魯派；許多典籍之作者，其中包括那洛六瑜伽的論釋《俱信論》。

宗喀巴上師瑜伽（Lama Tsongkhapa Gure Yoga）：與宗喀巴大師相關的上師相應法，是格魯派寺院的日課。

道次第（lam-rim）：字面意義是指「漸進的道路」。在十一世紀，由入藏的阿底峽尊者列於他所著的《菩提道燈論》之中。道次第是把佛陀的教法依照循序漸進的次第通往證悟的教授，包含了小乘、波羅密多乘和密續乘。

左側脈（left channel）：位於中脈左側的側脈。在從事拙火瑜伽期間，行者把它觀想成白色，始於左鼻孔，並且在肚臍下方四指寬之處彎曲進入中脈。

解脫（liberation）：涅槃，超越痛苦的狀態。透過根除所有的迷妄而從痛苦中解脫；聲聞乘行者的目標。

傳承上師（lineage lamas）：從佛陀的時代至今，把佛陀的教法透過師徒相傳的方式傳承下來的精神導師。

林金剛持（Ling Dorjechang 1903-1983）：即林仁波切。第十四世達賴喇嘛的資深教師。他是甘丹寺法座的第九十七任持有者。

世尊佛陀（Lord Buddha）：參見「釋迦牟尼佛」（Shakyamuni

Buddha）。

下門（lower doors）：即肛門、尿道口和陰道口。

下三道（lower realms）：參見「輪迴」（samsara）。

盧希巴（Luhipa）：八十四位大成就者之一，勝樂嘿魯嘎三大傳承的創始人之一。

龍（lung）：字面意義是指「風」。體內的風息失衡或阻滯而引起各種疾病。

大手印（mahamudra）：在經典中，它是指心的空性。在密續中，它是指自生智慧和空性之雙運。大手印也指生起這些了悟的禪修種類。

大成就者（mahasiddha）：具有成就的密續瑜伽士；聖者。

大乘（Mahayana）：菩薩道，成佛是究竟的目標，包括波羅密多乘和密續乘。

彌哲巴（Maitripa）：十一世紀的印度大成就者，以嫻熟大手印聞名，瑪爾巴的主要上師之一。

壇城或曼達（mandala）：一個密續本尊的淨土，以繪畫圖像來表示。

曼達供養（mandala offerings）：觀想供養整個宇宙的上師本尊；密續前行法之一。

文殊師利（Manjushri）：代表無二智慧之男性本尊。宗喀巴大師直接從文殊師利領受教法。

密咒乘（Mantrayana）：參見「密續乘」（Tantrayana）。

真言咒語（mantra）：字面意義是指「心之護衛」。保護心免於凡俗的顯象和概念，免於視自己和其他的現象為俗相。在修

持特殊本尊的時候所念誦的梵文字母。

瑪爾巴（Marpa 1012-1099）：譯師和瑜伽士，那洛巴的弟子，密勒日巴的根本上師。噶舉派的創始者。瑪爾巴是許多密續傳承的持有者，並且把那洛六瑜伽的傳承引進西藏。

密勒日巴（Milarepa 1040-1123）：西藏瑜伽士和詩人、瑪爾巴的上首弟子。他以精進的修行、對上師的虔敬心、證道歌和在一個生世內成佛聞名。那洛六瑜伽的重要傳承上師。

母續（mother tantra）：著重明光的修行法門，例如嘿魯嘎和喜金剛。

手印（mudra）：在從事各種密續儀軌期間所使用的象徵性手勢。也用來指明妃。

那達（nada）：具有三個彎曲的細線。在從事拙火瑜伽期間，觀想它位於脈輪種子字的頂端。

龍樹（Nagarjuna）：印度學者和密續大師，約在佛陀涅槃後四百年出生，提倡以中觀來闡釋佛陀對於空性之教義。

那瀾陀（Nalanda）：第五世紀在北印度所創建的大乘佛教佛學院，距離菩提迦耶不遠。它是佛教傳入西藏的主要源頭。那洛巴曾經擔任該佛學院住持八年。

那洛巴（Naropa 1016-1100）：傳授眾多密續傳承之印度大成就者，其中包括嘿魯嘎和金剛瑜伽女；帝洛巴的弟子，瑪爾巴和彌哲巴的上師。

本性惡（natural negativities）：除了違逆別解脫戒、菩薩戒、密續誓戒之外的惡業。

九會合（nine mixings）：在清醒、睡眠和死亡期間從事的法

門，是把一般的死亡、中陰和投生當做成就三身的資糧的主要法門。它們是圓滿次第的必要修行法門。

化身（nirmanakaya）：參見「三身」（three kayas）。

涅槃（nirvana）：參見「解脫」（liberation）。

無二（nonduality）：空性、缺乏自我存在、根本自性。無二是自我和一切現象之究竟本質。從究竟的觀點來看，每一件事物都缺乏二元分立的、本俱的或真實的存在。

無二智慧（nonduality wisdom）：對無二的了悟。

缺乏自我存在（non-self-existence）：參見「無二」（nonduality）。

寧瑪派（Nyingma）：西藏佛教四大宗派之中最古老的一個宗派，其教法可追溯至第八世紀印度瑜伽士蓮花生大師。

寧瑪巴（Nyingmapa）：寧瑪派的追隨者。

帕彭卡仁波切（Pabongka Rinpoche 1871-1941）：即傑・帕彭卡（Je Pabongka）、帕彭卡・德千・寧波（Pabongka Dechen Nyingpo）。一位具有影響力、德高望重的格魯派喇嘛，勝樂嘿魯嘎的化身，第十四世達賴喇嘛正、副兩位教師的根本上師。

帕摩・竹巴（Pagmo Drupa 1110-1170）：岡波巴的首要弟子，那洛六瑜伽的傳承上師之一。

班智達（pandit）：偉大的學者和哲學家。

波羅密多乘（Paramitayana）：字面意義是指「圓滿乘」。菩薩乘；大乘經部教授的一部分；大乘的兩種形式之一，另一個為密續乘。

資糧道（path of accumulation）：通往成佛五道的第一道；其他

四道分別為前行道、見道、修道和無學道。大乘經部和密續的行者在初次發起菩提心之時，即進入了資糧道。

修道（path of meditation）：通往成佛五道的第四道。大乘經部的行者開始增長對空性的直觀之時，即進入了修道。大乘密續的行者在證得淨幻身和真實明光之有學雙運時，即進入了修道。

無學道（path of no more learning）：通往成佛的五道的第五道，即成佛。在密續之中，即淨幻身和真實明光之無學雙運。

前行道（path of preparation）：通往成佛的五道的第二道。大乘經部的行者首次體驗止、觀雙運之時，即進入了前行道。大乘密續的行者在體驗風息進入、穩定、融攝於中脈之時，即進入了前行道。

見道（path of seeing）：通往成佛的五道的第三道。大乘經部的行者首次直接了悟無二之時，即進入了見道。大乘密續的行者首次體驗真實明光之時，即進入了見道。

行部密續（Performance Tantra）：四部密續之第二部，利用與本尊相笑所引生之大樂而證悟成佛。

應成中觀派（Prasangika-Madhyamaka）：佛教兩大中觀學派較高級的一派，主張自、他、究竟或相對之現象都不是真實存在的。此為大多數的西藏佛教宗派所持之細微無我之見地。

大禮拜（prostrations）：用身、語、意向上師頂禮。密續前行法之一。

護法（protectors）：護持佛教及其修行者之世間有情或證悟者。

淨土（pure lands）：超越輪迴之充滿大樂的存在狀態。每一個

淨土各有其所屬之佛。行者透過禪修和祈請的力量而投生淨土，並且可以繼續修道而臻至成佛。

清淨（purification）：去除或清除心中的惡業和惡業的種子。

皈依（refuge）：全心依止佛、法、僧，做為通往證悟道上的指引。

相對（relative）：緣起，依緣而生。自我和一切現象存在的方式；它們的存在要依靠因緣、支分，以及心之造作和標籤。

舍利子（relic pills）：從佛像、佛塔、聖者靈骨或偉大的瑜伽士荼毘之身體自然生出、如珍珠般大小的丸子。

出離心（renunciation）：不斷地希望從輪迴的痛苦中解脫，以了悟凡俗的快樂沒有實義為基礎。

右側脈（right channel）：位於中脈右側的側脈。在從事拙火瑜伽期間，行者把它觀想成紅色，始於右鼻孔，並且在肚臍下方四指寬之處彎曲進入中脈。

正見（right view）：究竟實相之見。

仁波切（Rinpoche）：字面意義是「殊勝者」。給予一個被認證之轉世喇嘛的敬稱；用來尊稱一個人的上師或其他喇嘛的頭銜。

儀軌（sadhana）：字面意義是指「成就的法門」。與一個特定的本尊修法有關的修法步驟和祈請文。

薩圖（sadhu）：流浪的印度瑜伽士。

薩迦派（Sakya）：西藏佛教四大宗派之一，在十一世紀由卓米・薩迦・耶喜（Drokmi Sakya Yeshe）創立。

薩迦巴（Sakyapa）：薩迦派的追隨者。

薩迦班智達（Sakya Pandita 1182-1251）：薩加派大師貢噶・嘉岑（Kunga Gyaltsen）的頭銜。他把西藏佛教傳播至蒙古。

三摩地（samadhi）：字面意義是指「定」。已經達到專注於一境的瑜伽士或瑜伽女之甚深禪定狀態，能夠隨心所欲、毫不費力地安住於觀修的對境上。

三昧耶（samaya）：瑜伽士或瑜伽女持守戒律的誓願。

報身（sambhogakaya）：參見「三身」（three kayas）。

輪迴（samsara）：循環的存在。有六道輪迴：地獄道、餓鬼道、畜生道等下三道，以及人道、阿修羅道和天道等上三道。輪迴也指受到業與迷妄的控制，而持續在六道內死亡和投生的過程。它也是一個有情眾生受到染污的身心五蘊。

經量部（Sautrantika）：小乘佛教的兩大宗派之一，主張細微無我是人空法有。

秘密供養（secret offering）：向上師本尊供養明妃。

種子字（seed-syllable）：梵文字母，例如「吭」或「吽」，在從事諸如拙火等法門期間，觀想種子字位於脈輪。

自我存在（self-existence）：二元分立的存在、本俱的存在、真實的存在。自我和一切現象似有的存在種類，並且無明地相信自我和一切現象是存在的。事實上，每一件事物連如微塵般少量的自我存在都沒有。

有情眾生（sentient being）：六道輪迴中的一切眾生；根據大乘的說法，是指一個尚未獲致證悟的人而言。

色拉寺（Sera Monastery）：格魯派三大佛學院之一，鄰近拉薩，於十五世紀早期由蔣千・秋傑（Jamchen Chöje）創

立。蔣千‧秋傑是宗喀巴大師的弟子之一。如今，在南印度
也興建了一座色拉寺。

釋迦牟尼佛（Shakyamuni Buddha 西元前563-483）：賢劫千佛
之第四佛。世尊佛陀出生於北印度，乃釋迦族的王子。他放
棄王國，並且在二十九歲那年證道，之後教授解脫和證悟之
道，直到他在八十歲那年圓寂為止。

短阿字（short a）：觀想位於臍輪的種子字，是在從事拙火瑜伽
期間主要的專注對境。（短阿一詞用來區別梵文之長阿字母
音。）

自生大樂（simultaneously born bliss）：第四喜。瑜伽士或瑜伽
女透過成功的拙火瑜伽，使風息進入、穩定、融攝於中脈，
位於頂輪的昆達里尼融化，順著中脈向下流至頂秘輪的時
候，所體驗到的至極大樂狀態。當昆達里尼被向上引帶至頂
輪的時候，也會體驗到這種大樂。

自生大樂智慧（simultaneously born great blissful wisdom）：自
生智慧。了悟無二與自生大樂雙運之智慧。

專注於一境（single-pointed concentration）：參見「三摩地」
（samadhi）。

六波羅密多（six perfections of a bodhisattva）：菩薩十地所要圓
滿的修持，即佈施、持戒、忍辱、精進、禪定和智慧。

六魔輪（Six Magical Wheels）：參見「哈達瑜伽」。

六根本煩惱（six root delusions）：貪、瞋、癡、慢、疑、邪見。

那洛六瑜伽（Six Yogas of Naropa）：一套圓滿次第密續修行法
門。宗喀巴大師在《俱信論》中列舉為拙火瑜伽、幻身瑜

伽、明光瑜伽、遷識瑜伽、入他身瑜伽和中陰瑜伽。

細微身（subtle body）：金剛身。在一個人身之內的諸脈、風息和昆達里尼明點。

細微心（subtle mind）：即貪、瞋等充滿概念的心識狀態。

真如供養（suchness offering）：向上師本尊供養對空性的了悟。

經論（sutra）：小乘和波羅密多乘的佛陀教法；公開的教法；具有教授和修行法門的經典。

經乘（Sutrayana）：在小乘和大乘所開示之非密續乘之佛法。

自續中觀派（Svatantrika-Madhyamaka）：大乘佛教兩大中觀學派之一，主張自我和一切現象雖然缺乏真實的存在，但是從世俗或相對的觀點來看，它們確實存在。

密續（tantra）：世尊佛陀之秘密教法，參見「密續乘」（Tantrayana），包含了教授和修行法門之密教經典。

密續乘（Tantrayana）：金剛乘、大乘、密咒乘或速道。世尊佛陀以金剛持之身相所傳授之秘密教法。密續乘是大乘證悟道的高深次第，成功地修持密續乘能夠使行者在一個生世之內獲致證悟。

密續前行法（tantric preliminaries）：藉由除障和資聚功德來調心，以成就密續的修行法門，因而使瑜伽士或瑜伽女具備修持密續的資格。

唐卡（thangkas）：以彩繪或堆繡而成的本尊像，一般多裝裱於彩色錦緞所製的布框之中。

三十五佛禮懺（Thirty-five Buddhas of Confession）：在念誦

《三蘊經》和行大禮拜時所觀想的三十五佛。

三顯相（three appearances）：參見「三景象」（three visions）。

三身（three kayas）：佛之三種身相：法身，乃佛之充滿大樂、遍知之心；報身（樂身），乃一個本尊之細微光身，在此佛示現為一個菩薩；化身，佛以一個凡夫的身相化現。

三毒（three poisonous minds）：貪、瞋、癡；六根本煩惱中的主要三種。

三道（three principal paths）：道次第中的三要點：出離心、菩提心、空性或正見。

三景象（three visions）：白、紅、黑三景象，即「四空」的前三者。

帝洛巴（Tilopa 988-1069）：第十世紀的印度大成就者，那洛巴的上師。眾多密續教法傳承的源頭。

食子（torma）：一種儀軌所用的糕餅，是在進行宗教儀式的時候，獻給諸佛聖眾的供品，傳統上是由烘焙過的大麥粉、奶油和糖混合製成。

圓滿（totality）：參見「證悟」。

遷識（transference of consciousness）：瑜伽士或瑜伽女在死亡的時刻，用來把心識遷至淨土的法門；那洛六瑜伽之一。

崔江仁波切（Trijang Rinpoche 1901-1981）：第十四世達賴喇嘛已故之副教師、圖敦・耶喜喇嘛的根本上師。他被視為勝樂嘿魯嘎的化身。崔江仁波切的轉世在一九八三年出生於印度。

圖摩（tummo）：參見「拙火」。

兜率天淨土（Tushita Pure Land）：喜淨土。此劫之千佛的淨
　　土，未來佛彌勒佛現居之處。

二十隨煩惱（twenty branch delusions）：在五十一心所中的一群
　　心理因素或心識狀態，與六根本煩惱中的一種或一種以上的
　　根本煩惱有關。

雙運（unification）：證悟，也就是真實明光和淨幻身之究竟雙
　　運。

說一切有部（Vaibashika）：小乘佛教兩大宗派之一。參見「經
　　量部」（Sautrantika）。

鈴杵（vajra and bell）：在進行密續儀軌期間所使用的法器。右
　　手執杵，象徵大樂；左手執鈴，象徵無二；兩者象徵大樂與
　　無二之雙運。

怖畏金剛（Vajrabhairava）：參見「大威德金剛」（Yamantaka）。

金剛身（vajra body）：參見「細微身」。

金剛持（Vajradhara）：釋迦牟尼佛之密續身相。

金剛薩埵（Vajrasattva）：特別用來清淨業障的男性密續本尊。
　　觀修金剛薩埵，持誦其咒語是密續前行法之一。

金剛亥母（Vajravarahi）：勝樂嘿魯嘎之明妃。

金剛乘（Vajrayana）：參見「密續乘」。

金剛瑜伽女（Vajrayogini）：無上瑜伽密續的一個女性本尊，隸
　　屬於勝樂嘿魯嘎的壇城。

世親（Vasubandhu）：第五世紀的印度佛教學者，無著的弟弟。

非常細微身（very subtle body）：與非常細微心互不分離的非常
　　細微風息，住於心輪的不壞明點之中。

非常細微心（very subtle mind）：明光心。最細微的心識，住於心輪的不壞明點之中，透過修持諸如拙火等法門而被喚醒。

生命能量（vital energies）：參見「風息」。

水供（water-bowl offerings）：供杯盛水，被觀想成為各種供品，供養上師本尊；密續前行法之一。

風息（winds）：參見「風息」。

世間成就（worldly realizations）：透過禪定生起之天眼通或神足通等神通力量。

大威德金剛（Yamantaka）：無上瑜伽密續之男性本尊，文殊菩薩之忿怒尊。

瑜伽（yoga）：字面意義是「約束」，為了獲致證悟而約束自我的修持戒律。

瑜伽密續（Yoga Tantra）：佛教四部密續之第三部，以握手擁抱所引生之大樂覺受做為通往證悟道之資糧。

瑜伽士（yogi）：成就的男性密續行者。

瑜伽女（yogini）：成就的女性密續行者。

宗仁波切（Zong Rinpoche 1905-1984）：一位具有影響力的格魯派喇嘛，以其忿怒之身相著稱，精通西藏佛教儀軌、藝術和科學的知識。

護持大乘法脈聯合會

　　護持大乘法脈聯合會是一個佛教道場和佛教活動的國際網絡，致力於傳播大乘佛教活用的修行傳統。該基金會在一九七五年由圖登‧耶喜喇嘛創立，目前由圖登‧梭巴喇嘛帶領。該基金會包括了佛法道場、寺院、閉關中心、出版社、醫療中心、安寧病院，並且推動興建佛塔、佛像及其他法器等計畫。

　　如欲獲得基金會的道場、計畫和活動等訊息，請向以下的地址索取一份免費的《曼達拉》〈MANDALA〉雜誌：

FPMT International Office
PO Box 888, Taos, NM 87571 USA
Tel: 505-758-7766
www.fpmt.org

護持大乘法脈聯合會在台灣的中心可上網查詢：www.fpmt.tw

耶喜喇嘛智慧檔案館

　　耶喜喇嘛智慧檔案館〈Lama Yeshe Wisdom Archive〉匯集了圖登・耶喜喇嘛和圖登・梭巴喇嘛的著作。該檔案館在一九九六年由圖登・梭巴喇嘛創立，收藏了各種形式的教法開示。目前，該檔案館包含了五千卷錄音帶，以及記錄在磁碟片上、大約四萬頁的教法開示。

　　圖登・耶喜喇嘛和圖登・梭巴喇嘛的教法開示經過編輯，由智慧出版社出版成為書籍和抄本，以及由檔案館出版成為免費流通的手冊。其他的教法開示刊載於護持大乘法脈聯合會的網址：www.fpmt.org。若欲索取手冊，請聯絡：

The Lama Yeshe Wisdom Archive

PO Box 356, Weston, MA 02493 USA

Tel: 781-259-4466

www.lamayeshe.com

The Bliss of Inner Fire: Heart Practice of the Six Yogas of Naropa
Copyright © 1998 by Lama Thubten Zopa Rinpoche
Published by agreement with Wisdom Publications
through the Chinese Connection Agency, a division of The Yao Enterprises, LLC.
Complex Chinese translation Copyright © 2007 by Oak Tree Publishing Publications,
a division of Cite publishing Ltd.
All Rights Reserved.

善知識系列JB0035	拙火之樂：那洛六瑜伽修行心要
作　　者	喇嘛圖敦・耶喜（Lama Thubten Yeshe）
譯　　者	項慧齡
封面設計	黃健民
內頁版型	普林特斯資訊有限公司
總 編 輯	張嘉芳
編　　輯	劉昱伶
業　　務	顏宏紋
出　　版	橡樹林文化 城邦文化事業股份有限公司 104台北市民生東路二段141號5樓 電話：02-2500-7696　傳眞：02-2500-1951
發　　行	英屬蓋曼群島商家庭傳媒股份有限公司城邦分公司 104台北市民生東路二段141號5樓 客服服務專線：02-2500-7718　02-2500-1991 24小時傳眞專線：02-2500-1990　02-2500-1991 服務時間：週一至週五上午09:30-12:00；下午13:30-17:00 郵撥帳號：19863813　戶名：書虫股份有限公司 讀者服務信箱：service@readingclub.com.tw
香港發行所	城邦（香港）出版集團有限公司 香港灣仔駱克道193號東超商業中心1樓 電話：(852)25086231 傳眞：(852)25789337 Email: hkcite@biznetvigator.com
馬新發行所	城邦（馬新）出版集團【Cité (M) Sdn.Bhd. (458372 U)】 41, Jalan Radin Anum, Bandar Baru Sri Petaling, 57000 Kuala Lumpur, Malaysia. 電話：(603) 90563833　傳眞：(603) 90576622 Email：services@cite.my
印　　刷	中原造像股份有限公司
初版一刷	2007年1月
初版十五刷	2023年7月
	ISBN-13：978-986-7884-62-6
定　　價	280元 版權所有・翻印必究　Printed in Taiwan 缺頁或破損請寄回更換

城邦讀書花園
www.cite.com.tw

國家圖書館出版品預行編目資料

拙火之樂：那洛六瑜伽修行心要／圖敦‧耶喜（Lama
　Thubten Yeshe）著；項慧齡譯. -- 初版, --臺北市：
橡樹林文化出版：家庭傳媒城邦公司發行，2007〔民96〕
　　面；　公分. --（善知識系列：JB0035）
譯自：The Bliss of Inner Fire : Heart Practice of the Six
　　　Yogas of Naropa
ISBN 978-986-7884-62-6（平裝）

1.藏傳佛教—修持　2.瑜伽

226.966　　　　　　　　　　　　　　　95024126